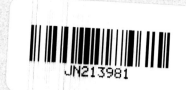

おうち性《せい》教《きょう》育《いく》
はじめます
シリーズ

こども
せいきょういく
はじめます

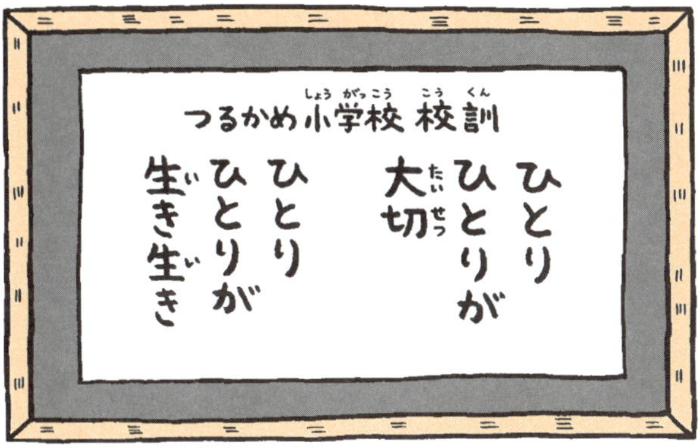

フクチマミ　村瀬幸浩　北山ひと美

MF
comic
essay

プロローグ
チュン チュン…
おはよ～
あさひ 小学《しょうがく》2年生《ねんせい》
こはる 小学《しょうがく》2年生《ねんせい》
おはよう
ママ ともみ
おはよう
朝《あさ》ごはん もうすぐ できるよ
きがえておいで
おじいちゃん
いただき まーす
あさひ こはる
新《あたら》しい学校《がっこう》は どうだい？
はい ジャム

うん
まあまあ
友達《ともだち》
できたよ
そっか
ママも
つるかめ小《しょう》に
通《かよ》ってたんだよ
校《こう》歌《か》もまだ
うたえるよ〜♪
おっ
このタマゴ
ふたごだ
やった
ラッキー!!
みたい!!
カパッ
あさひ
たちと
いっしょだな
ふたご
…
ジュ〜
ぼくたちも
タマゴから生《う》まれ
たんでしょ？
ママが前《まえ》に
言《い》ってた
タマゴを買《か》って
置《お》いておいたら
生《う》まれたって
こうやって
いっしょのタマゴに
はいってたのかな
えっ…
♪〜

まあ
そのうち わかるんじゃ ないかな
うん うん
さっ!! トモミの めだまやきも できたよーー
ありがとー
いってきまーす
…
あのさ
ん?
おへそのある 生《い》き物《もの》は 卵《たまご》から生《う》まれ ないんだって
いきもの チャンネルの ニャーチューバーが いってた
えっ
そうなの!?
ふたりは タマゴから うまれたんだよ
え… ママがウソを ついてる?
その動画《どうが》 フェイクなんじゃ ないですか〜?
イラッ
ママはウソ ついてるし おじいちゃんも 何《なに》かかくしてる

じゃあ
どうやって生《う》まれるんだよ～
あさひこはる
おはよう!!
つるかめ小《しょう》
北山《きたやま》校長先生《こうちょうせんせい》
あっ
おはようございます
おはようございまーす
タマゴだよ
ちがうね
フム…

ひとり
ひとりが
大切
ひとり
ひとりが
生き生き

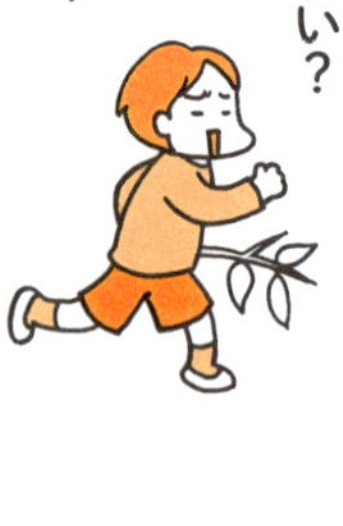

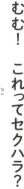

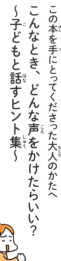

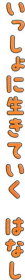

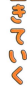

登《とう》場《じょう》人《じん》物《ぶつ》

あさひとこはるの家《か》族《ぞく》

つるかめ小《しょう》学《がっ》校《こう》のなかまたち

はじめに

ここは「せいきょういく」（からだ・こころ・いのちの学習《がくしゅう》）を学《まな》べる、
つるかめ小学校《しょうがっこう》。
転校《てんこう》してきた、あさひとこはるが、
6年生《ねんせい》になるまでのお話《はなし》です。

「せいきょういく」って知《し》っていますか？
きみたちがひとりひとり
安心《あんしん》して生《い》きていくために「せいきょういく」は
大《おお》きな力《ちから》になります。

本《ほん》の読《よ》みかたは、あなたの自由《じゆう》です。
いまの自分《じぶん》の学年《がくねん》に合《あ》わせたテーマのページだけ
読《よ》んでも、パッと見《み》て「おもしろそう！」と
思《おも》ったところから読《よ》んでも、「体《からだ》の名前《なまえ》ってなんだっけ？」
と気《き》になったことを調《しら》べるために使《つか》ってもOK。
自分《じぶん》の気持《きも》ちをうまく言葉《ことば》にできないときに、
この本《ほん》の中《なか》のページを相手《あいて》に見《み》せてもいいですね。
毎日《まいにち》の生活《せいかつ》の中《なか》で、あなたのこころとからだを
大切《たいせつ》にするために、読《よ》んでみてくださいね。

1章《しょう》

〈1・2年《ねん》生《せい》〉

せいきょういく
はじめのいっぽ

【第《だい》1話《わ》】さいしょにおぼえる「プライベートパーツ」

お尻《しり》はプライベートパーツでしょ？
そうだよ
あさひも勝手《かって》にさわんなよ
プラ…？
なにそれ
えー？
女《おんな》の子《こ》同士《どうし》なのにさわっちゃダメなの？
お尻《しり》を軽《かる》く叩《たた》いただけだろ？
おもしろいからいーじゃん
あ…
そっか
ふたりは転校《てんこう》してきたから知《し》らないのか
オレたちも1年《ねん》のときに習《なら》ったんだけどさ
からだは全部《ぜんぶ》の部分《ぶぶん》がその人《ひと》だけのものなんだ
ぜ〜んぶ
自分《じぶん》のもの
でもその中《なか》で…

この4つは特《とく》にだいじな
プライベートパーツ
口《くち》
胸《むね》
性器《せいき》
お尻《しり》
プライベートパーツっていうんだ
ここは自分《じぶん》だけがさわったり見《み》ていいところなんだよ
性器《せいき》って？
男《おとこ》のばあいはちんこやタマのこと
るなとひかり
プライベートパーツを説明《せつめい》できてすごいね！
あっ
校長先生《こうちょうせんせい》
あさひ
こはる

プライベート
パーツはね
どんなに
仲《なか》がよくても
たとえ
家族《かぞく》でも
自《じ》分《ぶん》以《い》外《がい》の人《ひと》が
勝手《かって》に見《み》たり
さわるのは
おかしいことなの
これはダメ
おしり
ポンポン
おフロ
どう？
カンチョー
かわいいね
チュー
じゃあ
うちの
ママ
おかしい
ことを
して
たってこと？

大人《おとな》が子《こ》どもを
お世話《せわ》したり
お医者《いしゃ》さんが
診察《しんさつ》や治療《ちりょう》を
するときにも
さわって
いい？
見《み》ても
いい？
と聞《き》くことが大切《たいせつ》なのよ

…
あの 先生《せんせい》…
なあに?
うちのママは ぼくたちのお尻《しり》 さわったりするけど…
おかしいの?
…あのね あさひ
勝手《かって》にさわる ことはよくない
でも
大人《おとな》でも プライベートパーツの ことを知《し》らない人《ひと》は いるんだよ
むかしは おそわら なかったからね
今日《きょう》ふたりが 知《し》ったことを お母《かあ》さんにも 教《おし》えてあげて
知《し》って わかってくれるなら だいじょうぶ だから
ホッ…
うん
もしうまく つたえられ なかったら せんせいに そうだんしてね
せんせいから はなすから

せいきょういく、って何《なに》？

この本《ほん》のタイトルになっている「せいきょういく」とは、自分《じぶん》とまわりの人《ひと》をどうしたら大切《たいせつ》にできるかを考《かんが》えることで、**「性教育《せいきょういく》」**と書《か》きます。

まずは、自分《じぶん》のからだとこころを知《し》って、

「自分《じぶん》っていいな」と感《かん》じるところがスタートです。

実《じつ》は、きみのまわりにいる大人《おとな》たちの中《なか》には、「性教育《せいきょういく》」をしっかり教《おそ》わっていない人《ひと》も多《おお》いの。大《おお》きくなってから学《まな》んだ大人《おとな》もいるし、何《なん》となく知《し》っているだけの大人《おとな》もいます。でも、ひろ〜い世界《せかい》に目《め》をむけてみると、**4才《さい》から学《まな》んでいる国《くに》**もあるのです。

この本《ほん》では、そんな世界《せかい》の子《こ》どもたちとおなじように知《し》ってほしいことを、みんなの学年《がくねん》や生活《せいかつ》に合《あ》わせてつたえていきます。

きみたちが学《まな》んで、ときには、
大人《おとな》にもやさしく教《おし》えてあげてね。

プライベートパーツって
なんでこの4つが特《とく》に大切《たいせつ》なの？
口《くち》も大切《たいせつ》だけど目《め》のほうがだいじじゃね？
いくつか理由《りゆう》があるんだけど
ひとつはからだの中《なか》につながるところだからなんだ
からだの中《なか》につながるところは生《い》きることに直接《ちょくせつ》かかわるでしょ？
そこからウイルスや菌《きん》がはいったら病気《びょうき》になっちゃう
だから大切《たいせつ》に守《まも》らなくちゃいけない
もうひとつは人《ひと》を愛《あい》したりいのちをそだてる部分《ぶぶん》だからなんだ
やわらかくてきずつきやすいから
さわるときはやさしく大切《たいせつ》にね
あい？

そんな大切《たいせつ》なところを勝手《かって》にさわられたり
勝手《かって》に見《み》られたり
見《み》せてこられたら
じ〜〜
不安《ふあん》でイヤな気持《きも》ちになるのはあたり前《まえ》
キモイし怖《こわ》いよ
あれ？
胸《むね》はなんで？
からだのなかにつながってる？
赤《あか》ちゃんが飲《の》む母乳《ぼにゅう》が出《で》るところだからじゃない？
だったら男《おとこ》は関係《かんけい》ないんじゃない？
プールとかおまつりではだしてるし
あー
でもさわられるのはイヤだな
ぞわっ
さわっ
オレは見《み》られるのもイヤだ
じろじろ
心臓《しんぞう》があるし
男《おとこ》も女《おんな》も胸《むね》は大事《だいじ》だよ

そうだね
「自分《じぶん》はそう感《かん》じる」ということは大切《たいせつ》なことだよ
男《おとこ》の子《こ》でも胸《むね》が見《み》えるのがイヤだなって思《おも》ったら見《み》せなくていいの
「みせたくない」っていってちょうだい
そういやつるかめ小《しょう》はプールのときうえをきてる男子《だんし》もおおいよ
ラッシュガード
そうなんだ
見《み》られるのはいいけどさわられるのはヤダっていうのもあるよね
わたしは肩《かた》をさわられるのがイヤ
OK
NG
プライベートパーツはもちろんからだのどこでも
見《み》せたくない
さわられたくない
って思《おも》ったら
その気《き》持《も》ちは大切《たいせつ》にしていいんだよ

見《み》せたくない!
さわられたくない!
と思《おも》ったら?

たとえば、こんなとき。
◎ズボンを下《お》ろされそうになった
◎後《うし》ろから、いきなりスカートめくりをされた
◎友達《ともだち》が、ふざけてカンチョーしてくる
◎後《うし》ろをついてくる人《ひと》がいて、不安《ふあん》

プライベートパーツを見《み》られたり、さわられそうになったときは、すぐ自分《じぶん》をまもります。方法《ほうほう》は3つ。

①NO《ノー》!

はっきりイヤと言《い》う!

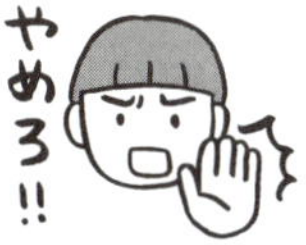

「やめろ」「だめ」
「たすけて!」

②GO《ゴー》!

その場《ば》からはなれる!

できるだけ人《ひと》がいる
ほうへ走《はし》ろう

③TELL《テル》!

安心《あんしん》できる大人《おとな》に話《はな》す!

もしわかってもらえな
かったら、べつの大人《おとな》に

では、プライベートパーツではないところを、見《み》られたりさわられたりしたら?
たとえば、こんなとき。
◎先生《せんせい》が、話《はな》すときに肩《かた》に手《て》を回《まわ》してくる
◎家族《かぞく》が、ほっぺにチューをする
もし「イヤだな」と思《おも》うときは、「今《いま》はさわられたくないんだ」とつたえてね。

※「NO GO TELL」はNPO法人CAPセンター・JAPANのプログラムです

【第《だい》3話《わ》】からだの名前《なまえ》ぜ〜んぶ言《い》える？

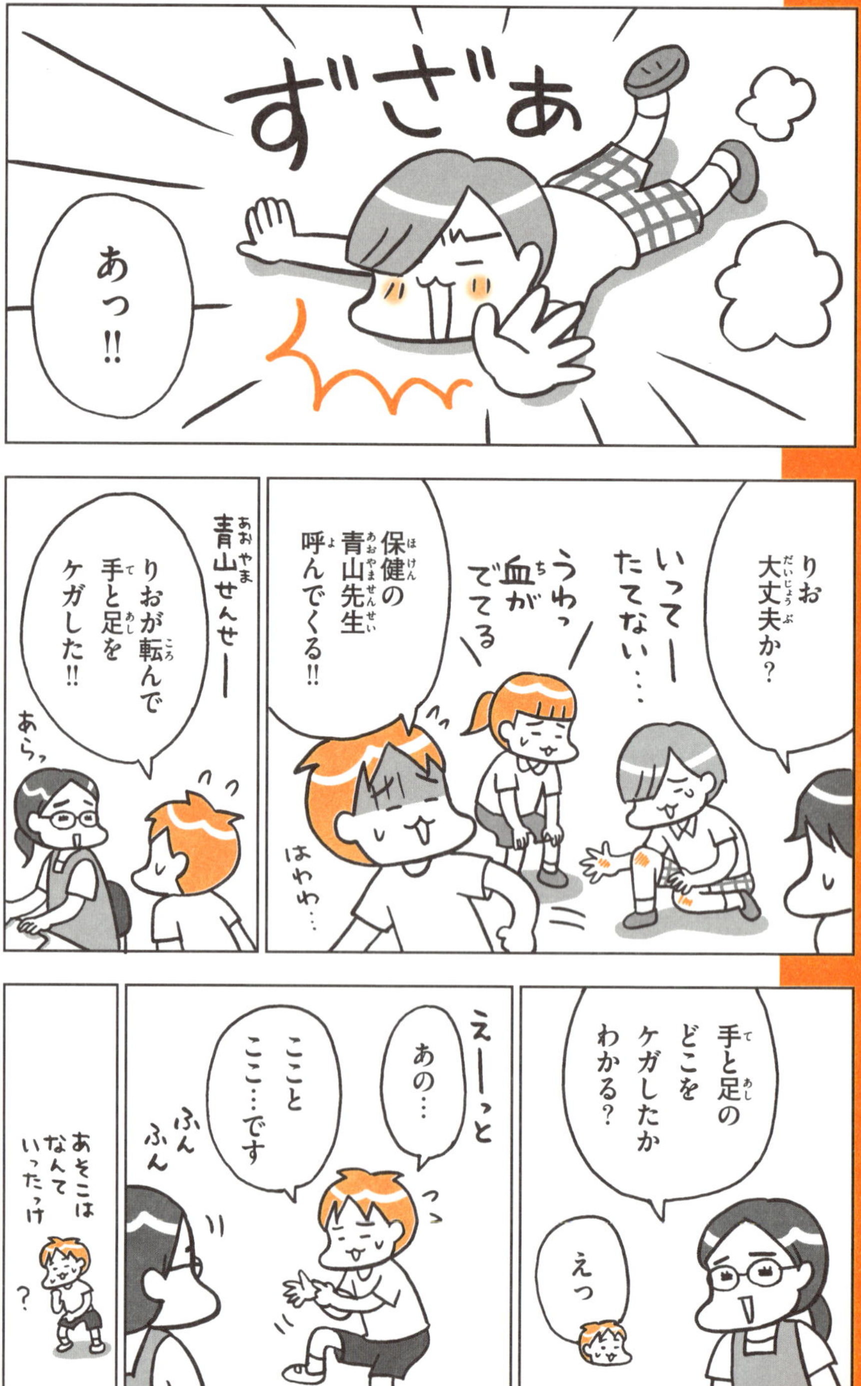

よしっ
これで手当《てあ》て完了《かんりょう》!!
ありがとー
まじでビビったー
よかった
ところでさ
みんなはからだの部位《ぶい》の名前《なまえ》どれくらい知《し》ってるかな
「あたま」とか「め」とか…
そんなのほとんど知《し》ってるよ
わかるよねーー
…
おっそれはよかった
なんで名前《なまえ》が大切《たいせつ》かというと
自分《じぶん》でからだの調子《ちょうし》を説明《せつめい》するとき名前《なまえ》を知《し》らないと正《ただ》しくつたえられないでしょ?
?
えーとあの…
みんなの健康《けんこう》にかかわる話《はなし》なんだ
ということで
からだの名前《なまえ》クイズをはじめまーす!!
とつぜん!!

〈からだの名前《なまえ》〉

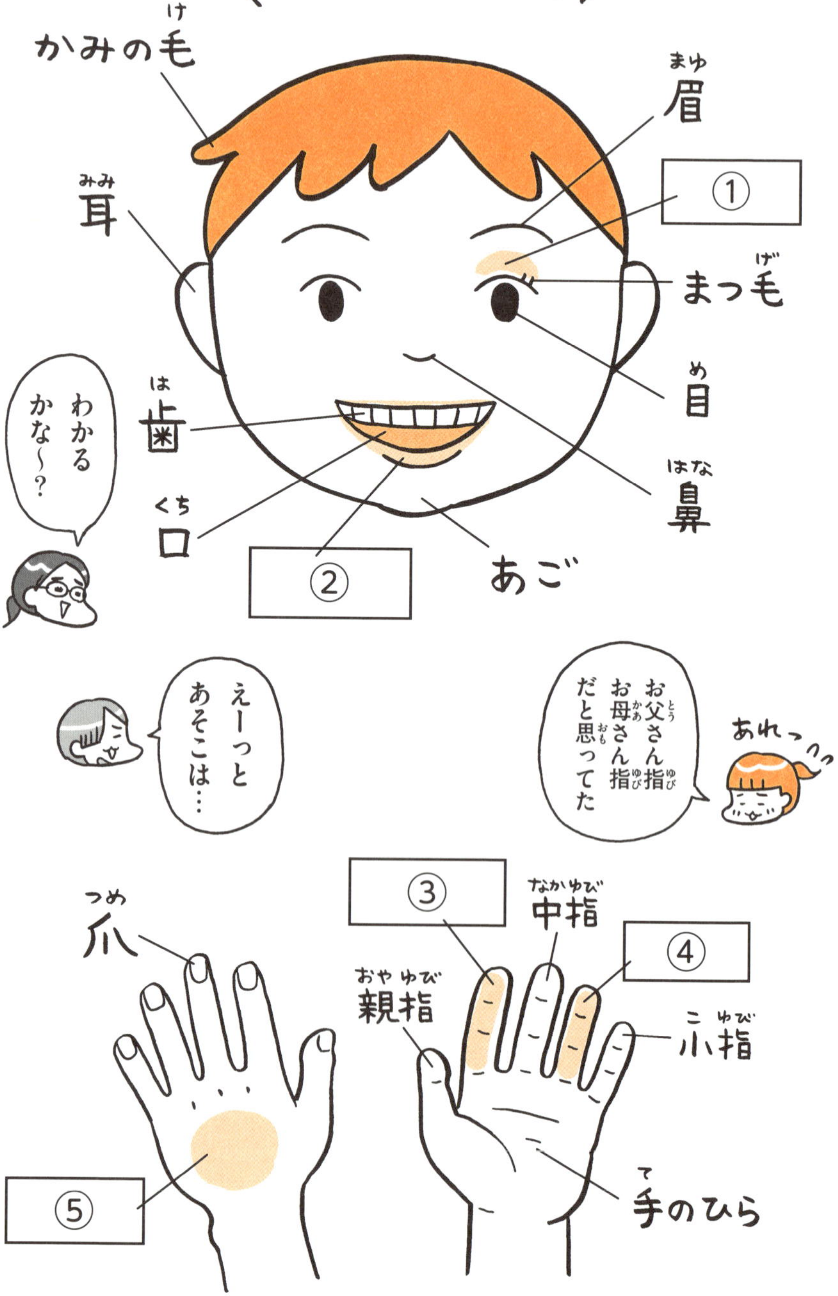
かみの毛《け》
眉《まゆ》
①
耳《みみ》
まつ毛《げ》
目《め》
歯《は》
鼻《はな》
口《くち》
②
あご
わかるかな〜?
お父《とう》さん指《ゆび》お母《かあ》さん指《ゆび》だと思《おも》ってた
あれっ
えーっとあそこは…
爪《つめ》
③
中指《なかゆび》
④
親指《おやゆび》
小指《こゆび》
⑤
手《て》のひら

〈からだの名前《なまえ》〉

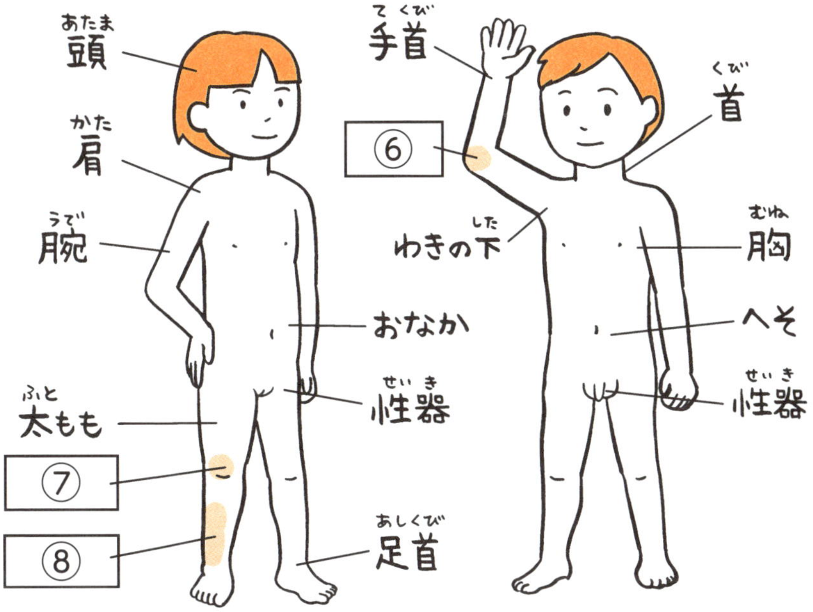

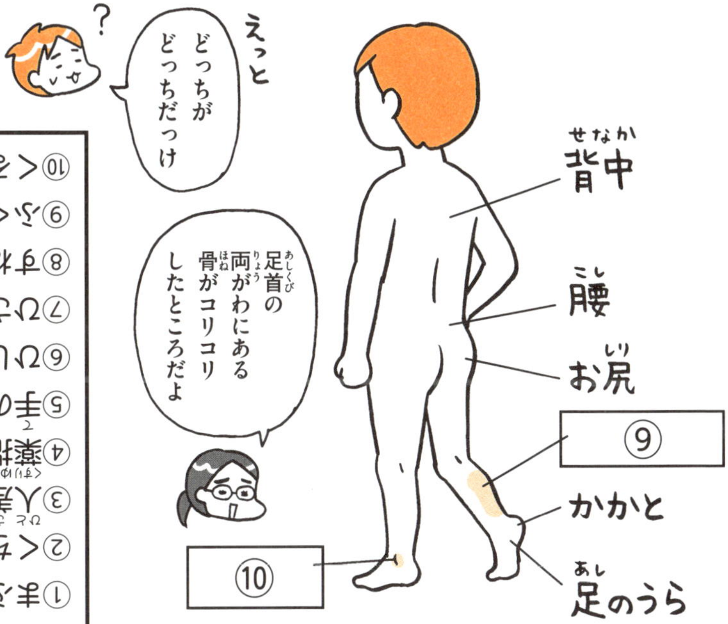

こたえ

①まぶた
②くちびる
③人《ひと》差《さ》し指《ゆび》
④薬指《くすりゆび》
⑤手《て》の甲《こう》
⑥ひじ
⑦ひざ
⑧すね
⑨ふくらはぎ
⑩くるぶし

ねえ
からだの中《なか》で性器《せいき》は女《おんな》の子《こ》と男《おとこ》の子《こ》でかたちが違《ちが》うよね
かたちが違《ちが》うから洗《あら》いかたもおしっこのしかたもふきかたも違《ちが》うの
正《ただ》しい方法《ほうほう》を知《し》らないと性器《せいき》に汚《よご》れや菌《きん》が入《はい》って腫《は》れたり痛《いた》くなったりしてしまうことがあるからね
イテテ
そういえば
赤《あか》くなったり痛《いた》くなることあるなぁ…
ふきかた洗《あら》いかたも健康《けんこう》のために大切《たいせつ》なことだからからだの名前《なまえ》とセットで知《し》っておいて

おフロでの洗《あら》いかた

男《おとこ》の子《こ》

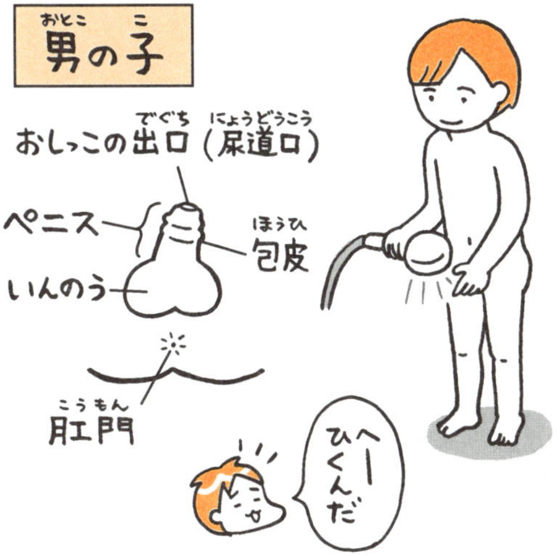

①痛《いた》くないていどに
包皮《ほうひ》をからだの
ほうに引《ひ》いて

↓

②お湯《ゆ》をかけて
ペニスの先《さき》を洗《あら》って

↓

③包皮《ほうひ》を元《もと》に戻《もど》す

↓

④肛門《こうもん》にお湯《ゆ》を
かけつつやさしく洗《あら》う

女《おんな》の子《こ》

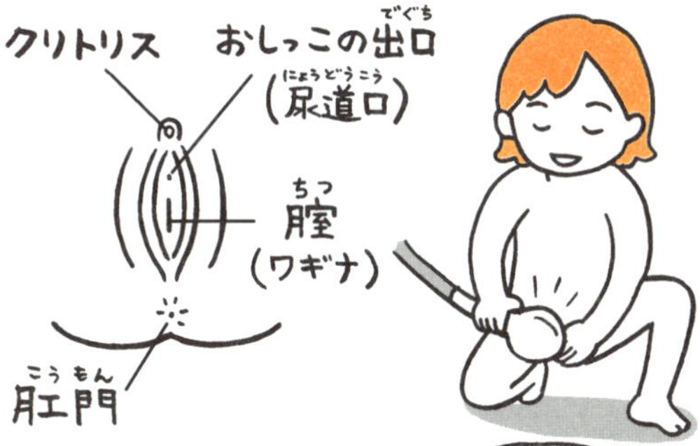

①しゃがんで

↓

②ひだの間《あいだ》

↓

③おしっこの出口《でぐち》

↓

④肛門《こうもん》にお湯《ゆ》を
かけつつやさしく洗《あら》う

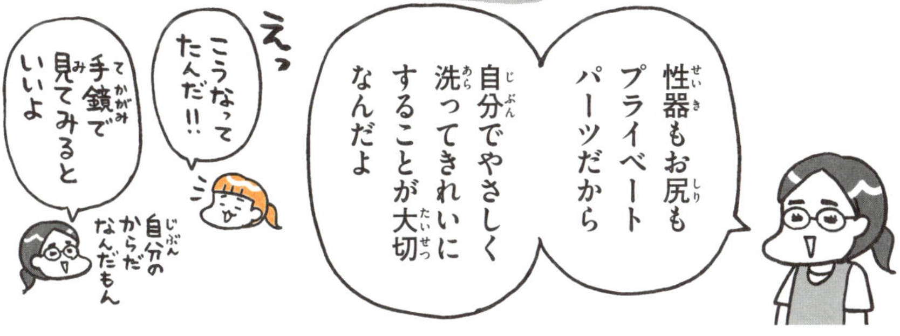

おしっこのしかた

男《おとこ》の子《こ》

男《おとこ》の子《こ》の
おしっこの出口《でぐち》は
ペニスの先《さき》にあるから
立《た》っても座《すわ》っても
おしっこできるよ

ポイント

おしっこがあちこちに
とばないように
包皮《ほうひ》をからだのほうへ
ひいておしっこの
出口《でぐち》を出《だ》す

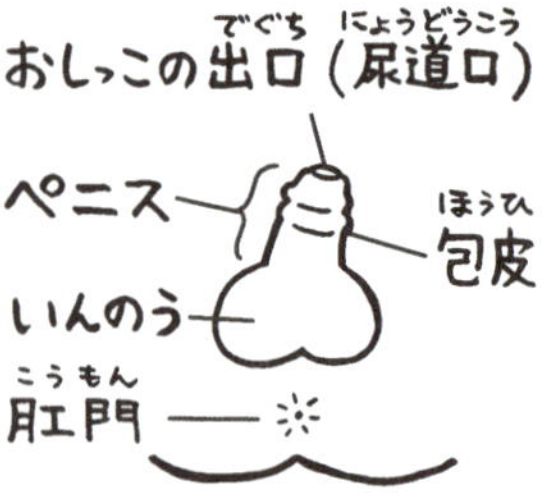

ポイント

座《すわ》ってするときは
ペニスを上《うえ》から
ちょっとおさえる

マナー

とびちったり
はねたおしっこは
トイレットペーパーで
ふいてね

女《おんな》の子《こ》

女《おんな》の子《こ》はおしっこの
出口《でぐち》がからだの
外《そと》に出《で》ていないので
座《すわ》ってするよ

ポイント

おしっこをふくときは
トイレットペーパーを
おしっこの出口《でぐち》に
おしあてて
5数《かぞ》える

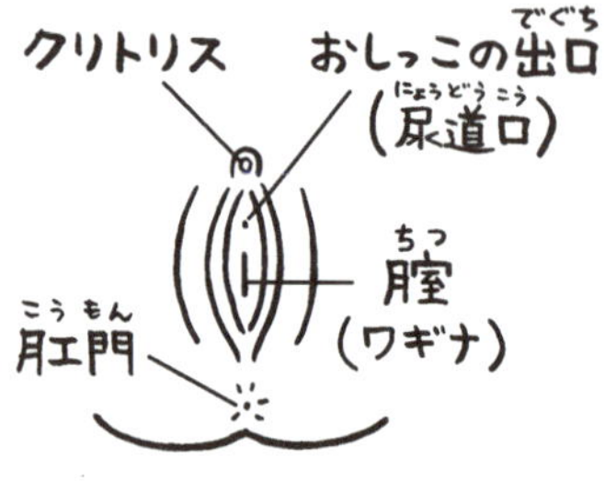

ポイント

うんちをふくときは
前《まえ》からうしろに向《む》かって。
うんちが腟《ちつ》(ワギナ)や
おしっこの出口《でぐち》につかない
ためだよ

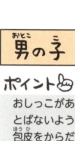

なんで女《おんな》の子《こ》は立《た》っておしっこをしないの？

いい質問《しつもん》ですね。それは、性器《せいき》のかたちがちがうから。女《おんな》の子《こ》はおしっこの出口《でぐち》がからだの外《そと》に出《で》ていないから、立《た》ったままだとからだや服《ふく》がおしっこでぬれてしまうのです。

実《じつ》は、お母《かあ》さんのおなかの中《なか》にいるときは、**性器《せいき》のモトは男女《だんじょ》で同《おな》じ**でした。おなかの中《なか》で成長《せいちょう》するにつれて、わかれていったのです。

性器《せいき》のモトの一部《いちぶ》が、男《おとこ》の子《こ》は「ペニス」となり、女《おんな》の子《こ》は「クリトリス」となります。右《みぎ》のページを見《み》ると、男《おとこ》の子《こ》の「ペニス」はおしっこの出口《でぐち》（尿道口《にょうどうこう》）といっしょになっていて、女《おんな》の子《こ》の「クリトリス」はおしっこの出口《でぐち》とべつになっていますね。

ちなみに、つるかめ小学校《しょうがっこう》の子《こ》どもたちは、〝オチンチン〟とか〝おまた〟などではなく、男子《だんし》も女子《じょし》も**〝性器《せいき》〟と呼《よ》んでいる子《こ》が多《おお》い**ですよ。

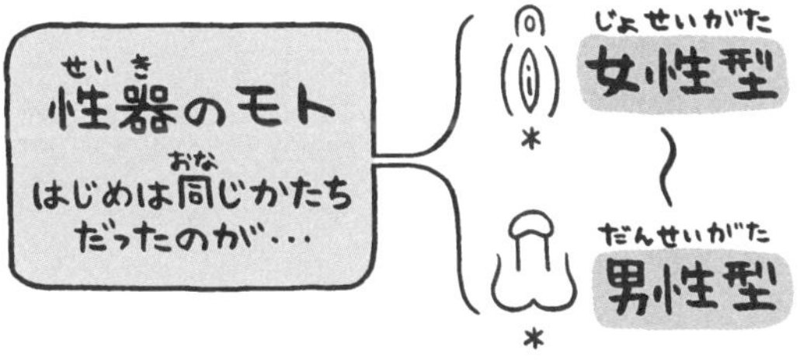

胎児《たいじ》のときに変化《へんか》してゆく

青山《あおやま》せんせー
てのひらすりむきましたー
あら

2章《しょう》

〈2年《ねん》生《せい》〉

たんじょうのはなし

【第《だい》4話《わ》】おぼえてる？ 生《う》まれてきたときのこと

おなかにいるときは赤《あか》ちゃんのことを「胎児《たいじ》」と呼《よ》びます
胎児《たいじ》
たいじはだいじ
ダジャレ?

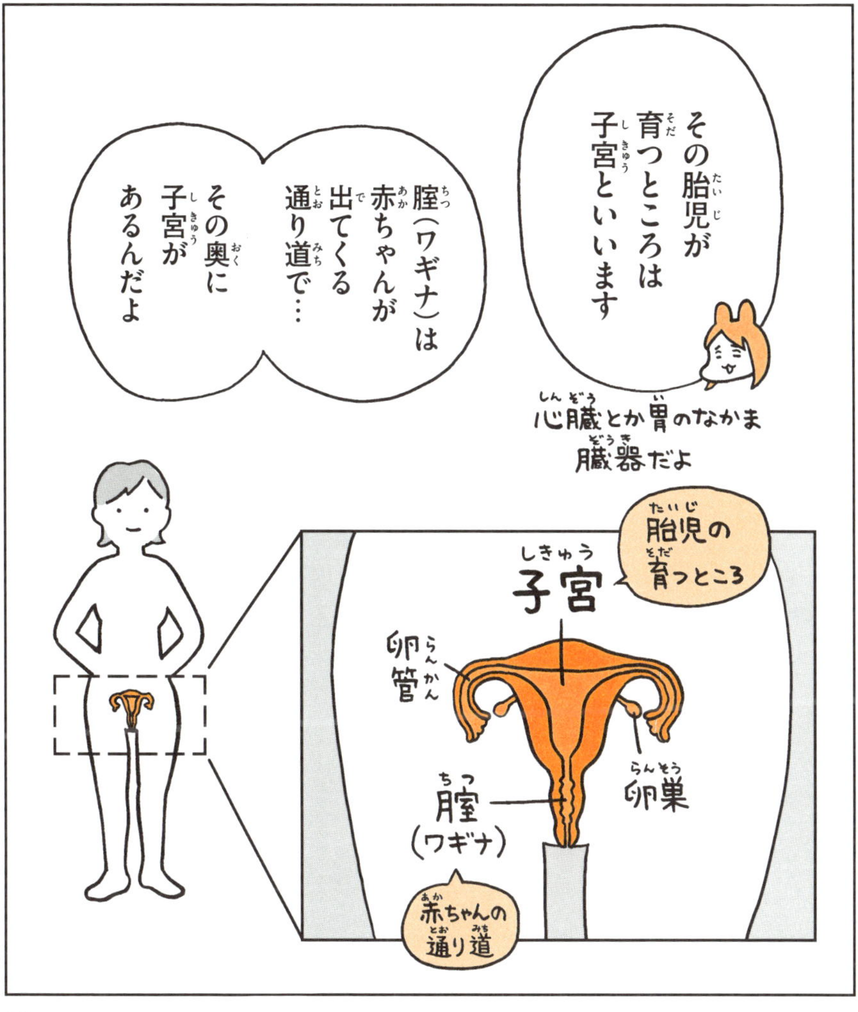
その胎児《たいじ》が育《そだ》つところは子宮《しきゅう》といいます
心臓《しんぞう》とか胃《い》のなかま臓器《ぞうき》だよ
膣《ちつ》(ワギナ)は赤《あか》ちゃんが出《で》てくる通《とお》り道《みち》で…
その奥《おく》に子宮《しきゅう》があるんだよ
胎児《たいじ》の育《そだ》つところ
子宮《しきゅう》
卵管《らんかん》
卵巣《らんそう》
膣《ちつ》
(ワギナ)
赤《あか》ちゃんの通《とお》り道《みち》

ではモンダイです
子宮《しきゅう》の中《なか》で胎児《たいじ》は大《おお》きくなるためにどうやって栄養《えいよう》をもらっていると思《おも》う？
えっと
お母《かあ》さんが食《た》べたものが落《お》ちてくる？
わーい
ざんねん
胃《い》の中《なか》じゃないからなぁ
ちがったか…
しってる!!
へその緒《お》
そう
ピンポーン
へその緒《お》は胎児《たいじ》のおへそから
胎盤《たいばん》
胎盤《たいばん》というものにつながっていてね

この胎盤《たいばん》は
子宮《しきゅう》にくっついていて
胎盤《たいばん》
子《し》宮《きゅう》
へその緒《お》
へその緒《お》が
お母《かあ》さんのからだから
栄養《えいよう》や酸素《さんそ》を
運《はこ》んでくれるの
子宮《しきゅう》って
こんなに
ひろがるの!?
えっ!!
へその緒《お》って
お母《かあ》さんの
おへそと
くっついてると
思《おも》ってた
ちがったんだ!!
へその緒《お》って
すごい長《なが》いって
ママが言《い》ってた
そういや
そうなの
50センチ
100センチ
50〜60センチ
くらいから
長《なが》い人《ひと》は
100センチあったりも
するんだって

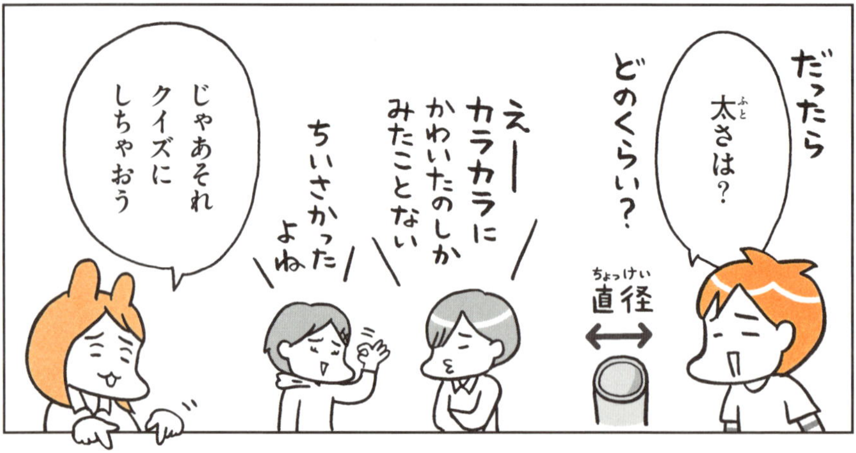

へその緒《お》の太《ふと》さってどのくらい？

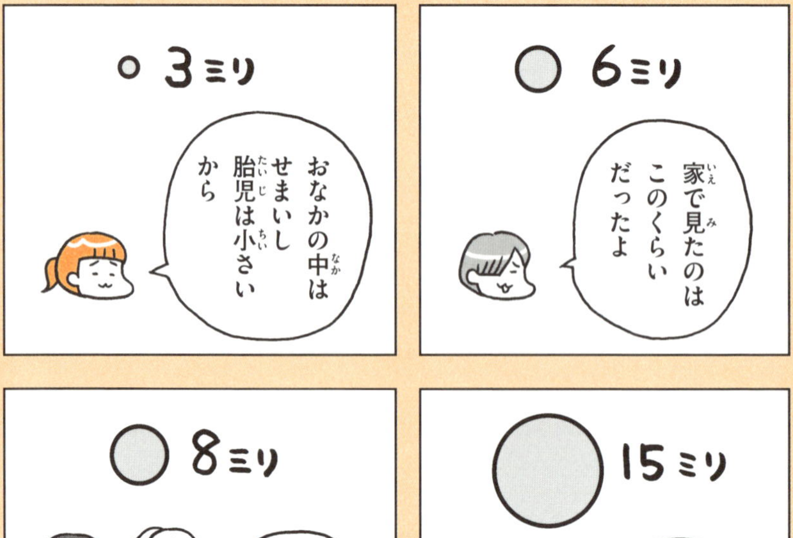

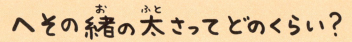

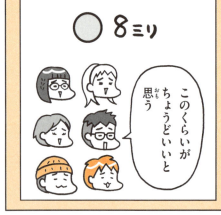

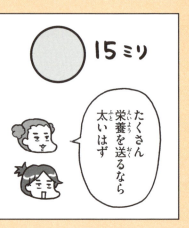

正解《せいかい》は15ミリ
15ミリ
あたった〜!!
へえ〜
思《おも》ってたより太《ふと》かった
イエ〜
個人差《こじんさ》があって約《やく》10〜25ミリくらい

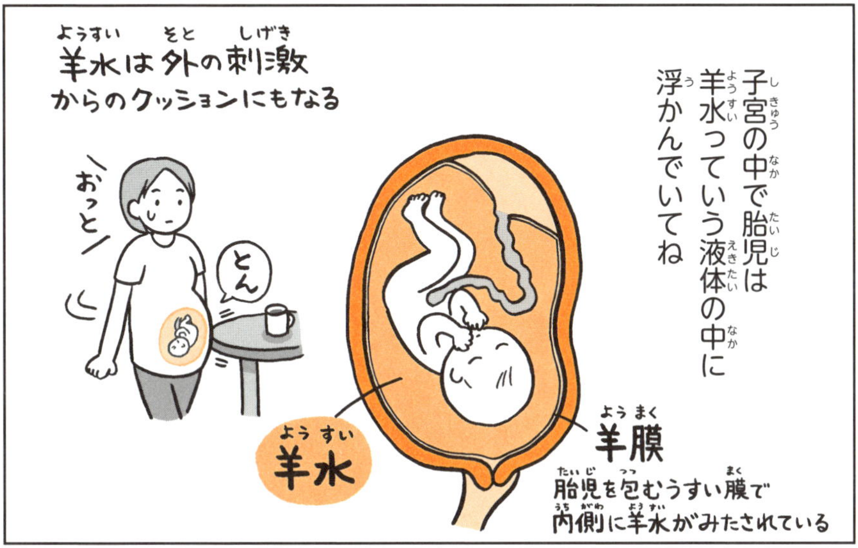

子宮《しきゅう》の中《なか》で胎児《たいじ》は羊水《ようすい》っていう液体《えきたい》の中《なか》に浮《う》かんでいてね
羊水《ようすい》は外《そと》の刺激《しげき》からのクッションにもなる
おっと
とん
羊膜《ようまく》
胎児《たいじ》を包《つつ》むうすい膜《まく》で内側《うちがわ》に羊水《ようすい》がみたされている
羊水《ようすい》

6カ月《げつ》になった頃《ころ》にはこの羊水《ようすい》を1日《にち》にだいたいペットボトル1本分《ぼんぶん》飲《の》むようになるのよ
500ミリリットル〜1リットルくらい
そんなにたくさん?

そう
羊水《ようすい》を飲《の》んでからだの中《なか》できれいにしておしっこ…尿《にょう》として出《だ》しているの
羊水《ようすい》
えっ!! それをまた飲《の》むの!? きたない〜
おえ〜
それがねきたなくないの
飲《の》んだ羊水《ようすい》の中《なか》のいらないものはへその緒《お》からお母《かあ》さんに送《おく》るから
いらないものバイバーイ
おしっことして出《で》る液体《えきたい》はいつもきれい
だから子宮《しきゅう》の中《なか》の羊水《ようすい》もいつもきれいでいられるんだよ
胎児《たいじ》はじぶんで羊水《ようすい》をきれいにできるのか〜
スゲー
知《し》らなかった!! なんかすごい
わたしも胎児《たいじ》のときそうやってたんだ〜

おしっこは、きたなくないの？

そうです、おしっこ自体《じたい》は、きたなくありません。胎児《たいじ》だけではなく、きみたちのおしっこにも、**ばい菌《きん》がいない**のです。
おしっこがからだの出口《でぐち》（尿道口《にょうどうこう》）から出《で》るときに、出口《でぐち》のまわりにいる菌《きん》たちが、おしっこを栄養《えいよう》にしてふえます。出口《でぐち》のまわりにいる菌《きん》たちは、からだにひつような菌《きん》。でも、おしっこがついたままだと、菌《きん》がひつよう以上《いじょう》にふえてしまうの。菌《きん》にとって、おしっこは栄養《えいよう》ですからね。
菌《きん》がふえすぎてしまうと、ニオイの原因《げんいん》になったり、性器《せいき》や皮《ひ》膚《ふ》が赤《あか》くなったりかゆくなったりしてしまいます。だから、おしっこはやさしくきれいにふき取《と》ることが大切《たいせつ》なのですね。

おしっこの出口《でぐち》はどこだったかな？
わすれちゃった人《ひと》は、27ページへ！

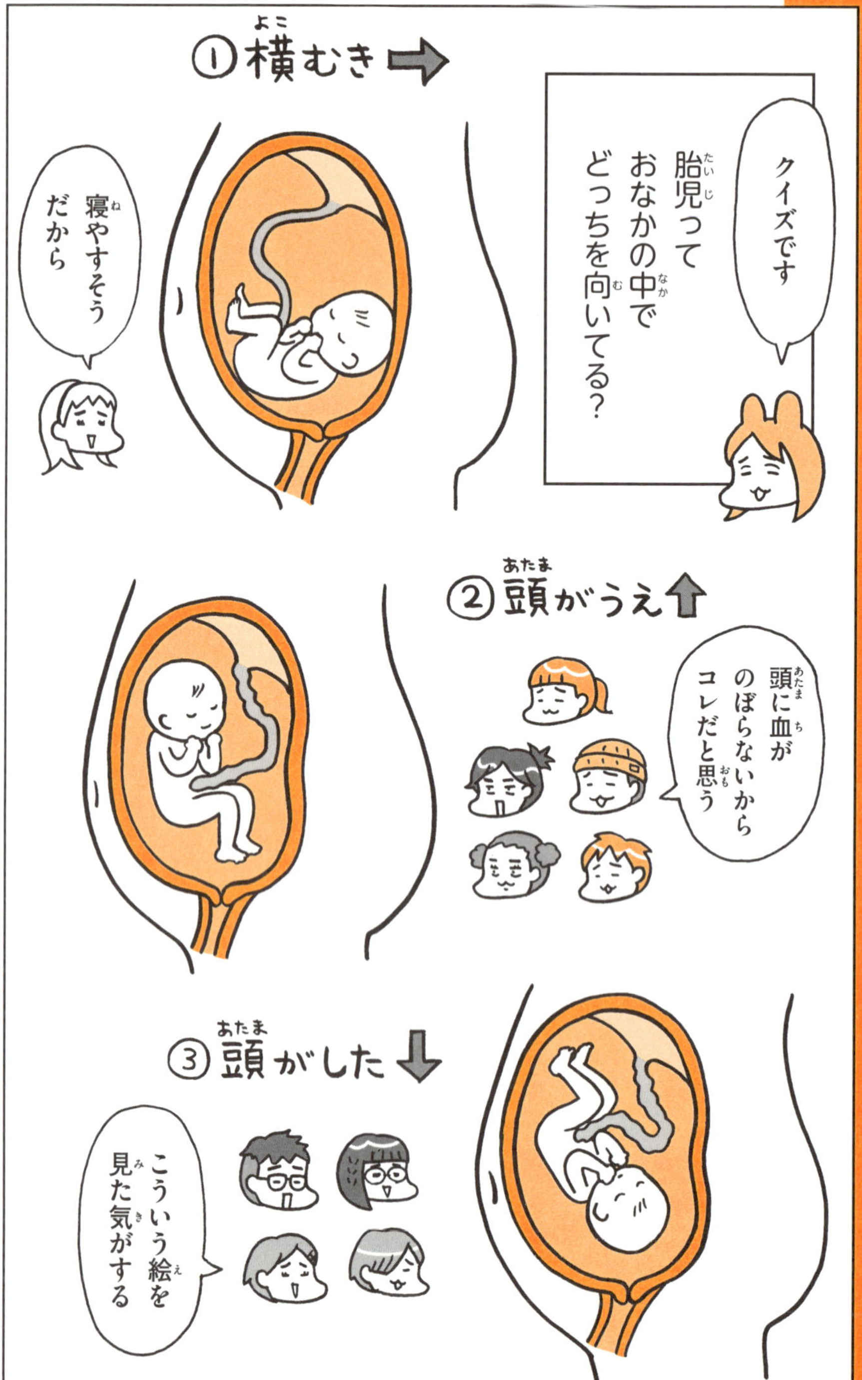
クイズです
胎児《たいじ》って おなかの中《なか》で どっちを向《む》いてる？
①横《よこ》むき
寝《ね》やすそう だから
②頭《あたま》がうえ
頭《あたま》に血《ち》が のぼらないから コレだと思《おも》う
③頭《あたま》がした
こういう絵《え》を 見《み》た気《き》がする

じつは
どれも正解《せいかい》なんだよ
3つともあるの
ひっかけか!!
横《よこ》むきもあるんだ～
へぇ
そういえば
わたしはさかごだったって言《い》われたけど
「逆子《さかご》」は頭《あたま》が上《うえ》を向《む》いていることだよ
さかさまになってるってこと
②のパターンね
頭《あたま》がうえが
逆子《さかご》
え?
頭《あたま》が上《うえ》なのにさかさなの?
?
?
フフ…
そのナゾを解《と》くためにもうひとつ問題《もんだい》
あなたたちはお母《かあ》さんのどこから生《う》まれてきたでしょう?

おなか!
おなかを切《き》って生《う》まれたってママが言《い》ってた
おなかを切《き》って!?
そうそれは
「帝王切開《ていおうせっかい》」といってお医者《いしゃ》さんがおなかと子宮《しきゅう》を切《き》って赤《あか》ちゃんを取《と》り出《だ》すの
それがひとつ
あともうひとつあります
どこでしょう
あっ
うーーん
ここじゃない?
そう!
膣《ちつ》(ワギナ)を通《とお》って生《う》まれてくるの
女《おんな》の人《ひと》の足《あし》の間《あいだ》には3つの出口《でぐち》があって
おしっこの出口《でぐち》
赤《あか》ちゃんの出口《でぐち》
うんちの出口《でぐち》
…って並《なら》んでいるんだ
(尿道口《にょうどうこう》) おしっこ
(膣《ちつ》) 赤《あか》ちゃん
(肛門《こうもん》) うんち
の出口《でぐち》

赤《あか》ちゃんは頭《あたま》から出《で》てくるほうが安全《あんぜん》
だから頭《あたま》から出《で》るために
胎児《たいじ》はおなかの中《なか》で下向《したむ》きになる
なんで頭《あたま》からが安全《あんぜん》なの？
足《あし》からのほうがでやすそうなのに…
？
息《いき》をするため？
へその緒《お》で空気《くうき》を送《おく》ってるから大丈夫《だいじょうぶ》なんじゃない？
？
アゴがでぐちでひっかかるとか？
あいさつするため？
フフフ…
それは胎児《たいじ》になってみるとわかるかもよ？
えっ
胎児《たいじ》になる？
つづく

ふたごは、おなかの中《なか》でどうなってるの？

まず、ふたごについて話《はな》しましょう。

あとで（58ページ）出《で》てくるけれど、お母《かあ》さんのおなかに**「受《じゅ》精卵《せいらん》」**という赤《あか》ちゃんのさいしょのすがたができて、これが胎《たい》児《じ》に育《そだ》っていきます。ふたごの場合《ばあい》、「受精卵《じゅせいらん》」がもともと一《ひと》つだったのか、二《ふた》つだったのかで、タイプがちがいます。

受精卵《じゅせいらん》が二《ふた》つの場合《ばあい》**（二卵性《にらんせい》）**、胎盤《たいばん》は二《ふた》つで、胎児《たいじ》をつつむふくろ（羊膜《ようまく》）も二《ふた》つです。あさひくんとこはるちゃんのように、性別《せいべつ》がちがうふたごになることもあります。

受精卵《じゅせいらん》が一《ひと》つの場合《ばあい》**（一卵性《いちらんせい》）**、受精卵《じゅせいらん》が二《ふた》つに分《わ》かれる時《じ》期《き》によって、胎盤《たいばん》とふくろの数《かず》はちがいます。一卵性《いちらんせい》で一番《いちばん》多《おお》いのは、胎盤《たいばん》が一《ひと》つ、ふくろは二《ふた》つのふたごなのだそうです。

ふたごの胎児《たいじ》は、子宮《しきゅう》の中《なか》でいろいろな向《む》きに動《うご》いています。胎児《たいじ》は大《おお》きくなってくると、頭《あたま》が重《おも》くなり頭《あたま》が下向《したむ》きになっていくことが多《おお》いのでしたね。ふたごの場合《ばあい》も、同《おな》じです。

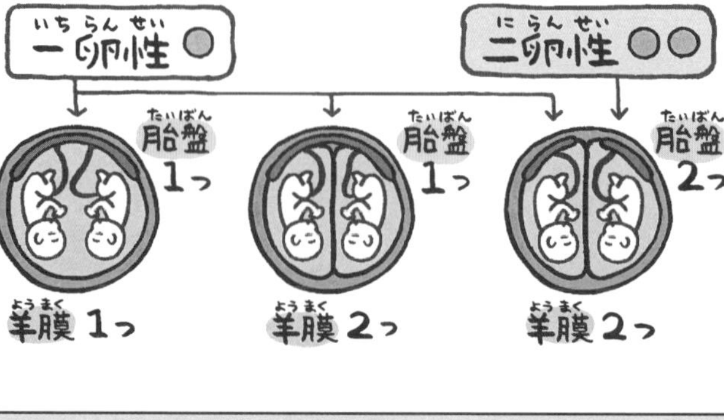

コレ
ふたりがおなかにいたときの写真《しゃしん》
おお〜

もう一度《いちど》
おなかの中《なか》の
胎児《たいじ》になって
生《う》まれてみよう
ばさっ

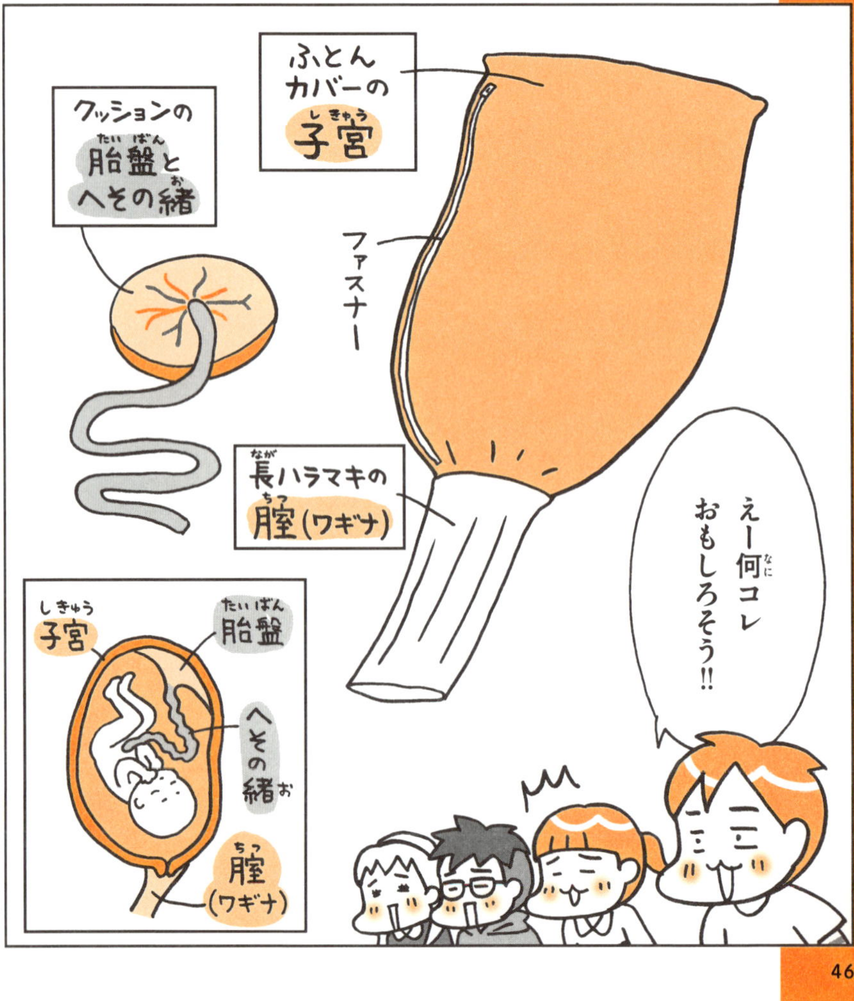
ふとんカバーの子宮《しきゅう》
クッションの胎盤《たいばん》とへその緒《お》
ファスナー
長《なが》ハラマキの腟《ちつ》(ワギナ)
えー何《なに》コレ
おもしろそう!!
子宮《しきゅう》
胎盤《たいばん》
へその緒《お》
腟《ちつ》(ワギナ)

あなたがどうやって生《う》まれるかというと

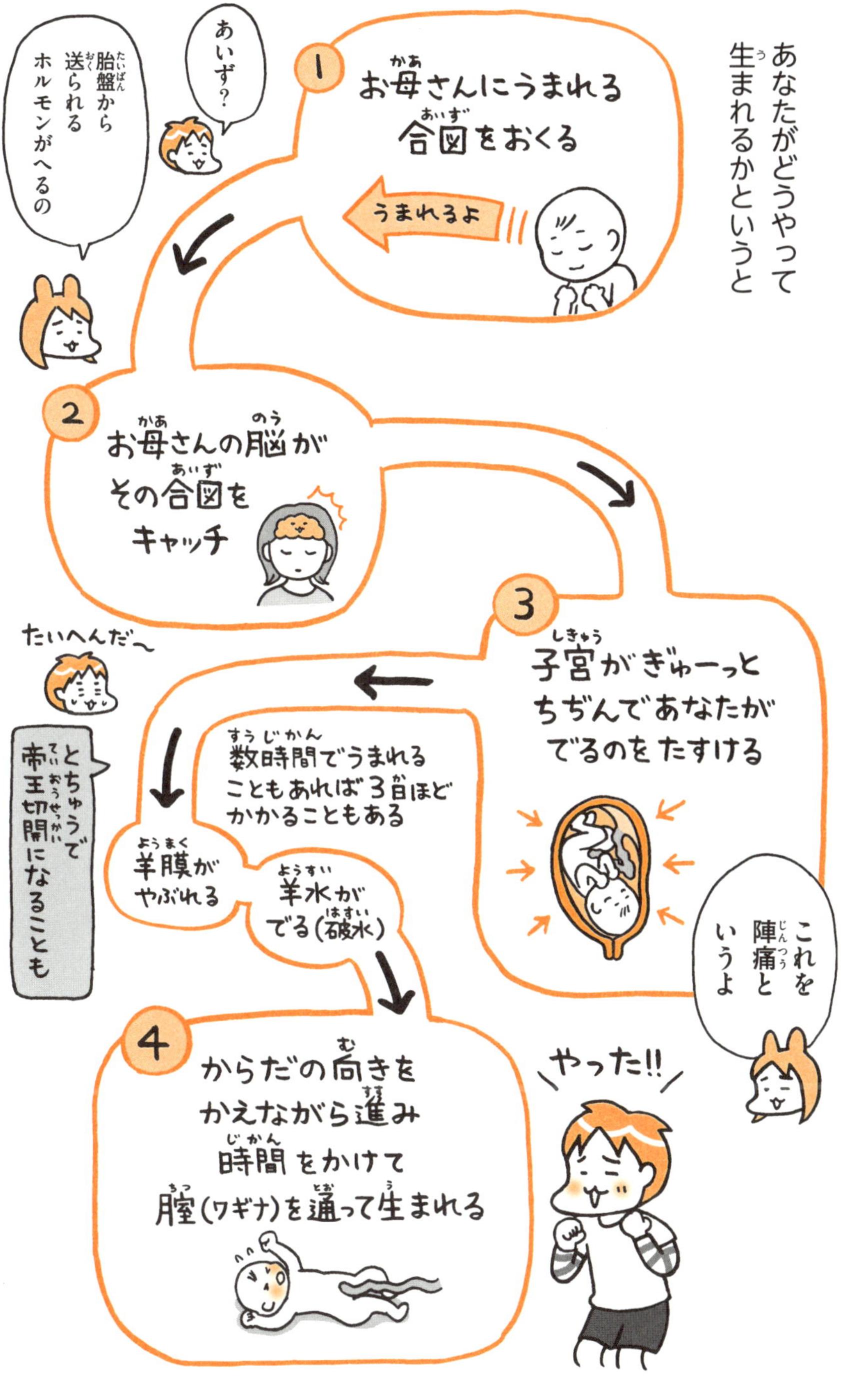

じゃあ
あさひ やってみる？
う…
うん!!

へその緒《お》は ズボンに はさんで…
へその緒《お》
胎盤《たいばん》

ファスナー 開《あ》けたところから 入《はい》って
わ〜
テントみたい
胎盤《たいばん》も中《なか》に 入《い》れるよー

子宮《しきゅう》の中《なか》では バタバタ できないから
こういう ポーズのまま からだを 動《うご》かして 出《で》てきてね
うん

まず合図《あいず》を送《おく》るんだよね
うまれるよーー!!
合図《あいず》が来《き》たら子宮《しきゅう》は
胎児《たいじ》が出《で》やすいようにぎゅっとちぢむ
わたしが陣痛《じんつう》の役割《やくわり》をするね
せーの
ギュ
オレも陣痛《じんつう》やる
わたしも
う〜ん
なかなか進《すす》めないよ〜
イモムシみたい
あさひ ドリルみたいに回転《かいてん》してみて
もぞ
もぞ

ドリ…ル かい…てん
あさひー 進《すす》んでるよ!!
ぐるっ
がんばれ〜
あさひー がんばれ!!
うう… あついし くらいし 苦《くる》しい…
せーのっ ぎゅ〜〜っ
せーのっ
ぎゅーーっ
がんばれ
ぴょこ
あっ
頭《あたま》の先《さき》が 出《で》た!!
あさひ もっと 回転《かいてん》だ!!
がんばれー
もう少《すこ》し
せーのっ
もう少《すこ》しで 頭《あたま》が出《で》るよ
ぎゅー
ピカッ

あっ!!

わあっ
生《う》まれた〜!!
おめでとー
よかった
おめでとう〜〜
やった
はぁ〜 出《で》られて よかった…
生《う》まれるには こんなに 赤《あか》ちゃんの力《ちから》も いるんだ…
くるしかった〜

最後《さいご》に
ずる
ずる
ずる
赤《あか》ちゃんが生《う》まれたあと胎盤《たいばん》も出《で》てくる
もし頭《あたま》からでなく足《あし》から出《で》てきたら へその緒《お》ってどうなる？
えーっと
ここを通《とお》るときからだとの間《あいだ》にはさまれてつぶされちゃう
ぎゅうっ
だってめちゃくちゃせまかったもん
そしたら酸素《さんそ》がいかなくなっちゃうよね
それってあぶない!!
頭《あたま》もまだそとにでてないし
そう
だから逆子《さかご》の場合《ばあい》は安全《あんぜん》のために帝王切開《ていおうせっかい》にすることも多《おお》いんだよ
そっか〜

帝《てい》王《おう》切《せっ》開《かい》、って何《なに》？

「帝《てい》王《おう》切《せっ》開《かい》」とは、お母《かあ》さんのおなかと子《し》宮《きゅう》を切《き》って、子《し》宮《きゅう》の中《なか》の胎《たい》児《じ》と胎《たい》盤《ばん》を出《だ》す、出《しゅっ》産《さん》の方《ほう》法《ほう》です。メス（医《い》りょう用《よう》のナイフ）を使《つか》って切《き》るから、お母《かあ》さんが痛《いた》くないように、麻《ま》酔《すい》をかけます。

まずおなかの皮《ひ》膚《ふ》、筋《きん》肉《にく》を切《き》ります。子《し》宮《きゅう》のかべを切《き》ると、羊《よう》水《すい》が出《で》てきます。羊《よう》水《すい》は37ページに出《で》てきた、ずっと胎《たい》児《じ》を守《まも》っていた水《みず》ですね。あたたかいのだそうよ。

頭《あたま》が下《した》向《む》きの胎《たい》児《じ》は、頭《あたま》から出《で》てきます。逆《さか》子《ご》の胎《たい》児《じ》は、足《あし》やおしりから。それから、胎《たい》盤《ばん》が出《で》てきます。おなかの皮《ひ》膚《ふ》を切《き》ってから、胎《たい》児《じ》が出《で》てくるまでの時《じ》間《かん》は、だいたい5分《ふん》くらい。その後《ご》、まず子《し》宮《きゅう》のかべを、医《い》りょう用《よう》の糸《いと》とハリでぬい合《あ》わせます。それから、筋《きん》肉《にく》と皮《ひ》膚《ふ》をぬっていきます。

胎《たい》盤《ばん》とつながっているへその緒《お》を切《き》ると、赤《あか》ちゃんは泣《な》き声《ごえ》をあげて、自《じ》分《ぶん》で呼《こ》吸《きゅう》をはじめます。すると、白《しろ》っぽかったからだや手《て》足《あし》に酸《さん》素《そ》がいきわたり、ピンク色《いろ》、**「赤《あか》ちゃん色《いろ》」**になっていきます。

最《さい》初《しょ》の麻《ま》酔《すい》から
最《さい》後《ご》ぬいあわせるまで
1時《じ》間《かん》くらいかかるよ

【第《だい》7話《わ》】いのちのいっちばんさいしょのすがた

ふわふわ
きゅるん
か…かわいー!!
赤《あか》ちゃんが
うまれました
7月1日
ユメ(♀××)
ひ〜〜
カワイイ〜
あの子《こ》は赤《あか》ちゃんなんだね〜
ねぇ
赤《あか》ちゃんってどこから来《く》るんだろう
なんかさ
いのちのもとがあるんだよ
そんなのあるの!?
いのちのもと
そう
あるのよ いのちのもと
えぇっ
卵子《らんし》っていってね…
そうだ

この針《はり》で紙《かみ》に穴《あな》をあけて…
TOMA ZOO SCHOOL 関係者
プッ
こうやってかざしてみてごらん
人間《にんげん》の卵子《らんし》は
この針《はり》の先《さき》で刺《さ》した穴《あな》くらいの大《おお》きさなんだよ
0.14ミリくらい
へー
目《め》でみえるおおきさなんだ
卵子《らんし》は子宮《しきゅう》の近《ちか》くの卵巣《らんそう》に入《はい》っているの
子宮《しきゅう》
卵巣《らんそう》
でも卵子《らんし》だけでは「いのち」になりません
何《なに》かを足《た》さなくてはいけない

わかった!!
魂《たましい》!!
栄養《えいよう》
へその緒《お》
胎盤《たいばん》
だとおもう
血《ち》
心臓《しんぞう》!!
やっぱコレ!!
卵子《らんし》を持《も》っているのはお母《かあ》さんです
でも子《こ》どもってお父《とう》さんにも似《に》ることあるでしょ?
わたしパパににてる
ってことは
男《おとこ》の人《ひと》もなんか持《も》ってるんだ
それが卵子《らんし》のところに行《い》くといのちになる
ち…ペニスの中《なか》にあるんじゃない?
もしかして!!
おしい!!
そのおとなりです

ペニスの横《よこ》のいんのうの中《なか》には精巣《せいそう》があって
精巣《せいそう》
ペニス
いんのう
（精巣《せいそう》をつつむふくろ）
精巣《せいそう》ってたまたまのことか
ほう・・・
そこで精子《せいし》が作《つく》られている
精子《せいし》
0.05ミリ
卵子《らんし》よりだいぶちいさい
この精子《せいし》が卵子《らんし》の中《なか》に入《はい》ることで
きほん 1こだけ はいれる
えい!!
受精卵《じゅせいらん》になる
受精卵《じゅせいらん》
完成《かんせい》!!
この受精卵《じゅせいらん》が赤《あか》ちゃんの最初《さいしょ》のすがたなんだよ
いのちのもとって ホントに あるんだ・・・
なにもない とこから できると おもってた

精《せい》子《し》よりも、卵《らん》子《し》のほうが大《おお》きいんだね！

そうです、よく聞《き》いていましたね。
56ページに、卵《らん》子《し》の大《おお》きさは**0.14ミリ**、58ページに、精《せい》子《し》の大《おお》きさは**0.05ミリ**くらい、とありました。

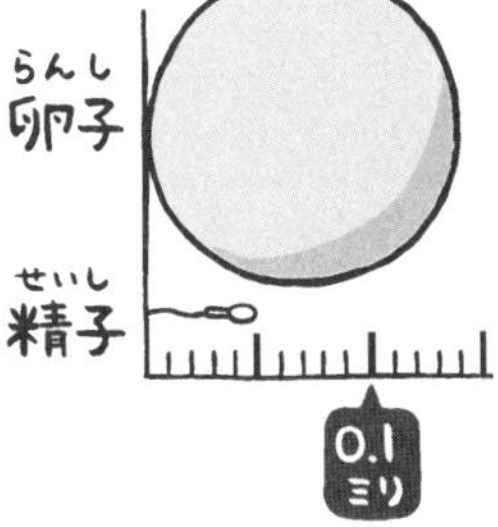

実《じつ》は、人《にん》間《げん》の細《さい》胞《ぼう》でいちばん大《おお》きいのが、卵《らん》子《し》だといわれています。
すべての生《い》きものは細《さい》胞《ぼう》からできていて、人《にん》間《げん》のからだは、**約《やく》37兆《ちょう》個《こ》**の細《さい》胞《ぼう》でできているといわれます。「兆《ちょう》」は、一《いち》億《おく》を一《いち》万《まん》個《こ》集《あつ》めた数《すう》字《じ》の単《たん》位《い》。37兆《ちょう》を数《すう》字《じ》で書《か》くと37000000000000です。ものすごい数《かず》ですね!
卵《らん》子《し》は、丸《まる》いかたちの細《さい》胞《ぼう》です。外《そと》がわは、ゼリーみたいなものでおおわれています。
精《せい》子《し》は、丸《まる》い頭《あたま》と長《なが》いしっぽがある、おたまじゃくしみたいなかたちの細《さい》胞《ぼう》です。
精《せい》子《し》が卵《らん》子《し》の中《なか》に入《はい》ると、新《あたら》しい細《さい》胞《ぼう》ができます。これが受《じゅ》精《せい》卵《らん》。受《じゅ》精《せい》卵《らん》の大《おお》きさは約《やく》0.2ミリになるんですよ。きみたちは、約《やく》0.2ミリからここまで大《おお》きくなりました。

いのちのもとは、きみのからだにもあるよ。

でもさ 精子《せいし》はどうやって 卵子《らんし》のところに 行《い》くんだろ
精巣《せいそう》にいるのに
？
ワープ？
とんでいく？
それには ふたつの方法《ほうほう》が あってね
ひとつは「体外受精《たいがいじゅせい》」
メスが産《う》んだ 卵子《らんし》に オスが精子《せいし》を かける方法《ほうほう》
うみまーす
かけまーす
これは水《みず》の中《なか》の 生《い》きものに 多《おお》い方法《ほうほう》なの
体外受精《たいがいじゅせい》 グループ
サカナ
ザリガニ
クラゲ
ウニ
カエル
なんで水《みず》の中《なか》の 生《い》きものに 多《おお》いの？
？

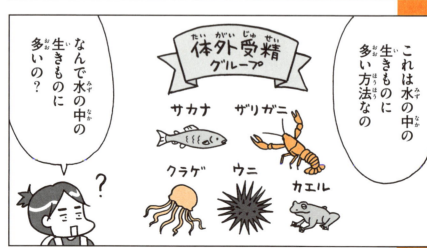

精子《せいし》は水《みず》の中《なか》でなら
からだの外《そと》でも
生《い》きられるからなんだ
水《みず》のなか
\イエ〜イ/
水《みず》のそと
ムリ…
うごけない
じゃあ
陸《りく》の生《い》きものは
どうするの？
水《みず》のなか
じゃないと精子《せいし》が
しんじゃうんでしょ
陸《りく》の生《い》きものは
もうひとつの方法《ほうほう》
「体内受精《たいないじゅせい》」を
するの
体内受精《たいないじゅせい》
グループ
ウマ
サル
トリ
ヒト
ライオン
人間《にんげん》は
これなんだ
体内受精《たいないじゅせい》は
性器《せいき》…
ペニスを使《つか》って
膣《ちつ》(ワギナ)の奥《おく》の
卵子《らんし》の
すぐそばまで
精子《せいし》を届《とど》ける方法《ほうほう》
ちかくまで
おとどけ
しまーす
はーい
Seishi
そうすることで
精子《せいし》は死《し》なずに
卵子《らんし》のところまで
来《こ》られるの
すごいくふう
だよね

性器《せいき》を直接《ちょくせつ》つなぎあわせることを「交尾《こうび》」っていうんだけど
きいたことある？
ある!!
いきものの番組《ばんぐみ》でライオンの
公園《こうえん》でトンボのみたことあるよ
交尾《こうび》って結婚《けっこん》のことだとおもってた
うんわたしも
人間《にんげん》の場合《ばあい》は交尾《こうび》じゃなくて性交《せいこう》とかセックスっていうんだけどね…
あっ
そうだ今《いま》の時期《じき》なら…
みんないどうしまーす
ニホンザル
キッ
キキッ
キー
ちょうど今《いま》繁殖期《はんしょくき》だから…
キキッ

ほら
あれは交尾《こうび》してるの
へー
あれで赤《あか》ちゃんができるのか
そうだね
1回《かい》でできることもあるしなかなかできないこともあるんだよ
あとね人間《にんげん》の性交《せいこう》・セックスは大人《おとな》の人《ひと》がお互《たが》いに
そうしよう
…と決《き》めたときにすることなの
いのちを作《つく》るためだけでなくて
お互《たが》いに心《ここ》地《ち》良《よ》くなるためにすることもあるの
人間《にんげん》の場合《ばあい》はプライベートなことだから誰《だれ》にでもどこでも話《はな》したりすることじゃないんだよ
わかった
つぎはライオンみたい

今日《きょう》動物園《どうぶつえん》で赤《あか》ちゃんがどうやって生《う》まれるのか聞《き》いたよ
なしおいしい
そう!!
タマゴから生《う》まれたんじゃなかったよ
もう〜ママってば
いのちのもとってすごく小《ちい》さいんだよ
卵子《らんし》と精子《せいし》
ギリみえるくらい
ペニスで精子《せいし》を膣《ちつ》のおくの卵子《らんし》にとどけるんだよね
動物園《どうぶつえん》で大事《だいじ》なことを勉強《べんきょう》してきたみたいだね
…ね
ごめんウソついて〜
ふたりともそういう話《はなし》はふざけては言《い》わないでね
たいせつなことだから
わかってる〜
先生《せんせい》もプライベートなことだって言《い》ってたもん
ところでさ
ママはどうしておなかにぼくたちがいるってわかったの?

ああ
それは
つわりが
あったから
あと生理《せいり》が
とまったり
つわりって?
からだの調子《ちょうし》が
変《か》わるのよ
吐《は》き気《け》がしたり
すごく眠《ねむ》かったり
フライドポテトしか
食《た》べられなくなったり!!
ねむ・・・
POTATO
ええ〜
フライド
ポテト?
わかんない
ほんとフシギ
だったよ
なんで〜
わたしは赤《あか》ちゃんが
どうやって
生《う》まれるのか
本当《ほんとう》のことが
わかって
うれしかったな
人間《にんげん》って
すごいって
おもった
あとさこないだ
子宮《しきゅう》に入《はい》って生《う》まれるのを
やったんだけどさ
え?
子宮《しきゅう》に
はいって?
? ?
おぼえてないけど
ぼくらも
ママと力《ちから》をあわせて
生《う》まれてきたんだね
ねっ
そうだね

人間《にんげん》も体外受精《たいがいじゅせい》することもあるって聞《き》いたよ

精子《せいし》が卵子《らんし》のところに行《い》く方法《ほうほう》は二《ふた》つあって、陸《りく》の生《い》きものである人間《にんげん》は「体内受精《たいないじゅせい》」グループでしたね。今《いま》は医学《いがく》が進《すす》んできて、「体外受精《たいがいじゅせい》」の方法《ほうほう》もふつうにえらべるようになっています。

人間《にんげん》の体外受精《たいがいじゅせい》は、病院《びょういん》で、産婦人科《さんふじんか》のお医者《いしゃ》さんが行《おこ》ないます。

まず、女性《じょせい》の卵巣《らんそう》から、卵子《らんし》を取《と》り出《だ》します。その日《ひ》のうちに、男性《だんせい》の精子《せいし》をまぜ合《あ》わせて、数日間《すうじつかん》、様子《ようす》を見《み》ます。すると60〜70パーセントぐらいのかくりつで、受精卵《じゅせいらん》になります。それを、女性《じょせい》の子宮《しきゅう》にもどすのです。卵子《らんし》は約《やく》0.14ミリ、受精卵《じゅせいらん》は約《やく》0.2ミリですから、とてもこまかくて、高《たか》い技術《ぎじゅつ》がひつようなのよ。

体内受精《たいないじゅせい》も体外受精《たいがいじゅせい》も同《おな》じ赤《あか》ちゃんのさいしょのすがたです。わたしたちは受精《じゅせい》からはじまり、ここに生《い》きています。それはとても**とくべつでプライベートなことです。**

プライベートとは、「自分《じぶん》だけのこと」という意味《いみ》です。

3章《しょう》

〈3年《ねん》生《せい》〉

家《か》族《ぞく》のはなし

【第《だい》9話《わ》】家族《かぞく》ってなんだろう？

みんなは「家族《かぞく》」ってことばは知《し》ってる？
やまもりごはん
知《し》ってるー

お母《かあ》さんとかお父《とう》さんとかきょうだいのことでしょ？
おばあちゃんとおじいちゃんも
いっしょに住《す》んでる人《ひと》
血《ち》のつながりのある人《ひと》

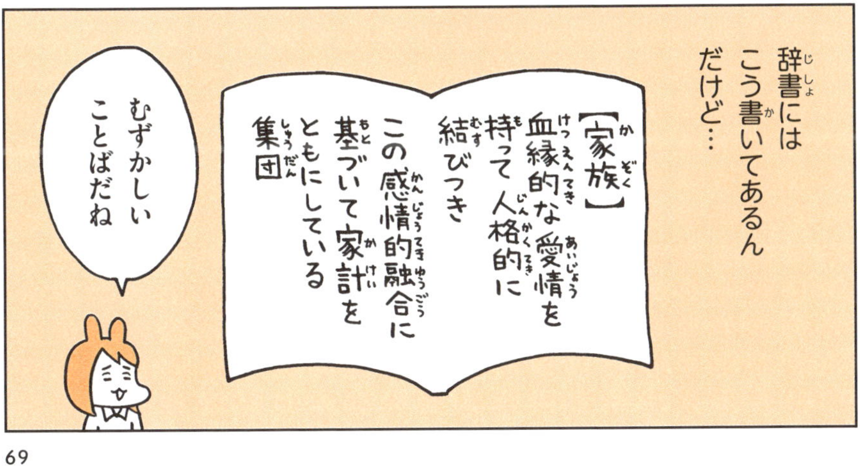
辞書《じしょ》にはこう書《か》いてあるんだけど…
【家族《かぞく》】血縁的《けつえんてき》な愛情《あいじょう》を持《も》って人格的《じんかくてき》に結《むす》びつきこの感情的《かんじょうてき》融合《ゆうごう》に基《もと》づいて家計《かけい》をともにしている集団《しゅうだん》
むずかしいことばだね

わたしたちの パパは いっしょに住《す》んで ないから家族《かぞく》では ないんだよね
うん
ぼくらの 〝いのちのもと〟を もっていた人《ひと》…
別《べつ》の家族《かぞく》に なったんだよね
だからといって 家族《かぞく》ってわけでも ないんだよな
オンラインで まいにち はなす
いつきちゃん
ママ
うちのママは 仕事《しごと》で何《なん》カ月《げつ》も 外国《がいこく》に行《い》ってるけど 家族《かぞく》だよ
いっしょに すんで ないけど
うちのカナさん… いつもいっしょに いるけどたぶん 家族《かぞく》じゃない
血《ち》がつながって ないから
おーすけっ
とーさんの カノジョだし
ねえ
血《ち》がつながってる って
どういうこと だろう
ん？ んんー？

同《おな》じご先祖様《せんぞさま》がいる人同士《ひとどうし》のことだって
おばあちゃんがいってた
それって
遺伝子《いでんし》ってことかな?
パパとママはもとは他人《たにん》だから血《ち》がつながってないんだって
そうなの!?
なんかよくわかんないね
血《ち》がつながってるって
じゃあさペットって家族《かぞく》?
家族《かぞく》だと思《おも》う!!
どうぶつだけど
ずっと大切《たいせつ》にしてるぬいぐるみは?
自分《じぶん》がそう思《おも》ったら家族《かぞく》なのかな
だったらおうすけとカナさんは家族《かぞく》なんじゃないかな
そうだよ
おーすけがいっしょにいたいって思《おも》うんなら家族《かぞく》でいいと思《おも》う
血《ち》はつながってなくても
そっか…じゃあ家族《かぞく》にしちゃおっと
えへへ

みんなは家族《かぞく》とは仲《なか》がいい？
仲《なか》はいいけど
なんでか
すごくイヤなときもあるな
あさひとはよくケンカするよ
おねえちゃんがいじわるを言《い》うときもある
やさしいときもあるけど
お母《かあ》さんとお父《とう》さんがよくケンカする
くちげんか
そういや
パパとママがケンカしてるの見《み》たことないな

パパがもんくばっか言《い》ってきてウザい
ママと目《め》があってにっこりしてくれるとうれしい
いっしょにいると
たのしいからよかったなって思《おも》う
ママに怒《おこ》られてるときにパパが「そんなキツく言《い》わないで」って言《い》ってくれた
るすばんしてるときおじいちゃんがかえってくるとホッとする

あなたたちから見《み》て
自分《じぶん》の成長《せいちょう》を気《き》にして
世話《せわ》をしてくれる身近《みぢか》な人《ひと》
血《ち》のつながりにかかわらず暮《く》らしを共《とも》にしたり
おたがいに安心《あんしん》していられる関係《かんけい》であることが大切《たいせつ》なんだよ
あなたが家族《かぞく》と思《おも》うならそれでいい
わたしはあなたたちに「家族《かぞく》にはいろいろなかたちがある」ということを受《う》け入《い》れる人《ひと》になってほしいんだ

ママのおなかにいたときは、同《おな》じ血《ち》が流《なが》れていたの？

いいところに気《き》がつきましたね。
まず、血《ち》の話《はなし》をしましょう。血《ち》は、血管《けっかん》を通《とお》って、栄養《えいよう》と酸素《さんそ》をからだのすみずみにとどけています。34ページに、胎児《たいじ》はへその緒《お》から栄養《えいよう》をお母《かあ》さんのからだからもらっているとありましたね。へその緒《お》を流《なが》れているのは、実《じつ》は、血《ち》なんです。
では、ここでクイズです。

> へその緒《お》を流《なが》れているのは、**だれの血《ち》**でしょうか？
> **①お母《かあ》さんの血《ち》**　**②胎児《たいじ》の血《ち》**　**③お母《かあ》さんと胎児《たいじ》の血《ち》**

ヒントは、35ページにありますよ。へその緒《お》の先《さき》に、何《なに》があるかな？
そう、「胎盤《たいばん》」があります。お母《かあ》さんの血《ち》は、栄養《えいよう》と酸素《さんそ》を、この「胎盤《たいばん》」に運《はこ》びます。「胎盤《たいばん》」では胎児《たいじ》の血《ち》（血管《けっかん》）が待《ま》っていて、栄養《えいよう》と酸素《さんそ》を受《う》け取《と》ります。「胎盤《たいばん》」はよくできていて、お母《かあ》さんと胎児《たいじ》の血《ち》がまざらないしくみになっています。お母《かあ》さんの栄養《えいよう》と酸素《さんそ》を受《う》け取《と》った胎児《たいじ》の血《ち》は、へその緒《お》を通《とお》って、胎児《たいじ》のからだに運《はこ》ばれます。
だから正解《せいかい》は…「②」。胎児《たいじ》の血《ち》でした！

おなかの中《なか》にいても、お母《かあ》さんと胎児《たいじ》は、べつの人間《にんげん》なのね。

※参考文献：『あっ！そうなんだ！性と生』（浅井春夫、安達倭雅子、北山ひと美、中野久恵、星野恵 編著／エイデル研究所）

キミも家族《かぞく》♡

4章《しょう》

〈3年《ねん》生《せい》〉

男《おとこ》らしさ・女《おんな》らしさのはなし

【第《だい》10話《わ》】このカサ　だれのカサ？

いやー
うっかり置《お》き忘《わす》れちゃった
ありがとう
これはねポピーの花《はな》でポピーというのはね…
女《おんな》の先生《せんせい》のカサだと思《おも》った
3年《ねん》
この前《まえ》みんなにアンケートで「男《おとこ》らしい」「女《おんな》らしい」と思《おも》うことを書《か》いてもらったよね
みんなの回答《かいとう》を札《ふだ》にしてきたので黒板《こくばん》に貼《は》ります
長《なが》い
それを見《み》ながら本当《ほんとう》にそうなのかな？と考《かんが》えてみよう

男《おとこ》らしい
かみが短《みじか》い
足《あし》がはやい
スポーツが得意《とくい》
力《ちから》が強《つよ》い
かっこいい
体力《たいりょく》がある
さあ みんなは どう思《おも》う?
足《あし》がはやいとか スポーツが得意《とくい》なのは 男《おとこ》だけじゃないよね
スポーツ選《せん》手《しゅ》とか
かみが長《なが》い 男《おとこ》の人《ひと》も いるじゃん
強《つよ》い人《ひと》 体力《たいりょく》がある人《ひと》 かっこいい人《ひと》は 女《おんな》の人《ひと》にもいるよ
アイドルとか
カワイイものが 好《す》きな男《おとこ》の子《こ》も ここにいるよー
ボクは カワイイキャラ 大好《だいす》きだね

女《おんな》らしい
かみが長《なが》い
カワイイものが好《す》き
怒《おこ》るとこわい
ガマン強《づよ》い
料理《りょうり》が得意《とくい》
子《こ》どもができる
子《こ》どもを生《う》まない女《おんな》の人《ひと》もいるよ
ほしくないひともいるし
わたしのお母《かあ》さんは子《こ》どもができづらい体質《たいしつ》だったんだって
子《こ》どもができるには男《おとこ》の人《ひと》の精子《せいし》も必要《ひつよう》だから
あてはまらないんじゃない？
ガマン強《づよ》いは人《ひと》によるんじゃない？
出産《しゅっさん》にたえられるからそうおもわれるのかな？
うちのお父《とう》さんは怒《おこ》ると怖《こわ》いよ
男《おとこ》の料理人《りょうりにん》もいるよね
うちはおじいちゃんがごはんつくるよ

じゃあ どちらにも あてはまることは まん中《なか》に 移動《いどう》するね
ずりっ
るとこわい
マン強《づよ》い
料理《りょうり》が得意《とくい》
ができる
これも そうだよ
これも!!
女《おんな》らしい
どっちにも あてはまる
男《おとこ》らしい
かみが短《みじか》い
かみが長《なが》い
足《あし》がはやい
カワイイものが好《す》き
スポーツが得意《とくい》
怒《おこ》るとこわい
力《ちから》が強《つよ》い
ガマン強《づよ》い
かっこいい
料理《りょうり》が得意《とくい》
体力《たいりょく》がある
子《こ》どもができる
あれ
みんなの意見《いけん》では 全部《ぜんぶ》どっちにも あてはまるって なっちゃった
じゃあ 男《おとこ》らしさとか 女《おんな》らしさって ないのかな?
どうおもう?

う〜ん
男《おとこ》らしさ女《おんな》らしさは…あると思《おも》う
うん 男《おとこ》らしい女《おんな》らしいって感《かん》じることはあるもんね
男《おとこ》らしい
女《おんな》らしい
プロレスラーは「男《おとこ》らしい」って思《おも》うな
筋《きん》肉《にく》あるし戦《たたか》うから
でも女子《じょし》プロレスラーには「女《おんな》らしさ」がある気《き》がしない？
筋《きん》肉《にく》あるし戦《たたか》うけど
たしかに…
男《おとこ》らしさとか女《おんな》らしさのイメージ自体《じたい》はたしかにあるけど
いつでも誰《だれ》でもあてはまるものではなさそうだね

そうかも!!
うちの
お姉《ねえ》ちゃんは
かみが短《みじか》いし
ズボンはいてるけど
男《おとこ》らしいとは
思《おも》わないもん
この間《あいだ》スカートはいて
みつあみのカッコイイ
男《おとこ》の人《ひと》がいたよ
わたしのイトコの
お兄《にい》ちゃん
柔道《じゅうどう》やってて
強《つよ》そうだけど
押忍《オス》
かわいいもの好《ず》きで
ぬいぐるみ
いっぱい持《も》ってるし
かわいい
ぎゅう
柔道
スイーツ作《づく》りも
上手《じょうず》なんだよ
たくさん
つくったから
たべてくれ!
男《おとこ》らしさと
女《おんな》らしさの
イメージが
まぜこぜだね
うーん
なんか
でもそれが
イトコのお兄《にい》ちゃん
らしいって思《おも》うん
だよね
あっ

大切《たいせつ》なのはさ その人《ひと》らしさ なんじゃないの?
あっ…
だから…
女《おんな》の子《こ》が 強《つよ》くても 男《おとこ》の子《こ》が カワイイものを 好《す》きでも…
その人《ひと》らしさ なんだから いいんだよ
…あのさ
フト
草野《くさの》先生《せんせい》って 植物《しょくぶつ》が 好《す》きだよね
うん
あの花柄《はながら》のカサ 草野《くさの》先生《せんせい》らしくて いいなって思《おも》った
だね!!

きみの
ランドセルは、何《なに》色《いろ》？

ランドセルにはたくさんの色《いろ》がありますね。色《いろ》のしゅるいがふえはじめたのは、2000年《ねん》代《だい》に入《はい》ってから。それまでは「男《だん》子《し》は黒《くろ》、女《じょ》子《し》は赤《あか》」だったという人《ひと》も多《おお》いのではないでしょうか。
トイレのマークも「男《だん》性《せい》＝黒《くろ》・ブルー」「女《じょ》性《せい》＝赤《あか》・ピンク」が多《おお》いですね。色《いろ》分《わ》けされていると、わかりやすいです。でもこの色《いろ》分《わ》けは、10年《ねん》後《ご》にはまったくちがう色《いろ》になっているかもしれません。
なぜなら、色《いろ》がもつイメージは時《じ》代《だい》によって変《か》わるから。
たとえばアメリカでは、**1910年《ねん》代《だい》は「男《だん》子《し》はピンク、女《じょ》子《し》はブルー」がふさわしいといわれていたそうです。**その後《ご》、社《しゃ》会《かい》の流《なが》れの中《なか》で、変《へん》化《か》していきました。
未《み》来《らい》はきみたちがつくります。もし次《つぎ》に「何《なに》色《いろ》にしようかな」とまようことがあったら、**「自《じ》分《ぶん》が好《す》きな色《いろ》」**をえらんでみるのもいいですね。たくさんの色《いろ》からえらびたい人《ひと》もいるし、色《いろ》が決《き》まっているほうがいいという人《ひと》もいます。大《たい》切《せつ》なのは、自《じ》分《ぶん》がえらんだ色《いろ》にも、友《とも》達《だち》がえらんだ色《いろ》にも、ほかの人《ひと》が口《くち》出《だ》しをしないこと。どんな色《いろ》も、最《さい》高《こう》の色《いろ》！

5章《しょう》

〈4年《ねん》生《せい》〉

からだと
こころ
のはなし

休《やす》み時《じ》間《かん》

ねえ
おうすけって
最近《さいきん》急《きゅう》に背《せ》が伸《の》びたよね
あホントだ
ずっと男子《だんし》で一番小《いちばんちい》さかったのに…
りお～
もうすぐおうすけに身長《しんちょう》ぬかされるんじゃない?
ムッ
るなだって大《おお》きくなってるじゃん
横《よこ》に!!
キシシ
カチッ
そういやるなふとったかもな
ゲラゲラ
くすくす

りお…
わたしのこと
バカに
してんの?
えー
事実《じじつ》じゃーん
あさひも
笑《わら》ったの
ムカつく!!
やべっ
まってまってー
こっ…校長《こうちょう》せんせいが
ひとの見《み》た目《め》に
ついて
思《おも》うことはあっても
口《くち》にするのは
マナー違反《いはん》って
言《い》ってたよっっ
じぶんじゃ
どうしようも
ないことだから
だから
この話《はなし》は
やめようよ〜
みいがそう
いうなら
しかたねぇ
は〜〜
ケンカ
にがてだよ
でも…
ホントみんな
最近《さいきん》
からだつきが
変《か》わってきたな
わたしは まだ
ほとんど変化《へんか》が
ないけど…
だいじょうぶ?

さて
きょうはわたしの授業《じゅぎょう》だよ
生《う》まれてすぐわかる男女《だんじょ》の違《ちが》いは性器《せいき》のかたちの違《ちが》いです
そうなんだ
たしかに顔《かお》とかじゃわかんない
この性器《せいき》のかたちの違《ちが》いを「一次性徴《いちじせいちょう》」と言《い》います
一次《いちじ》性徴《せいちょう》
じゃあ
二次《にじ》もあるの？
あるよ
今日《きょう》はその話《はなし》
二次《にじ》性《せい》徴《ちょう》
大人《おとな》になるときにはからだにいろんな変化《へんか》があります
これは学《まな》ぶと賢《かしこ》くなることなんだよ
はずかしいことでもエロいことでもなくて

大人《おとな》になるときの
からだの変化《へんか》
(二次性徴《にじせいちょう》)には
主《おも》にこういった
ものがあるよ

どう変化《へんか》するか
知《し》っておくと
安心《あんしん》できるね

女《おんな》の子《こ》の変化《へんか》

・月経《げっけい》(生理《せいり》)がはじまる
・乳房《ちぶさ》がふくらむ
・腰《こし》まわりが広《ひろ》く大《おお》きくなる

男《おとこ》の子《こ》の変化《へんか》

・射精《しゃせい》がはじまる
・声《こえ》が低《ひく》くなる
・胸《むね》と肩《かた》が広《ひろ》くなる
・筋肉《きんにく》が大《おお》きくなる

男女両方《だんじょりょうほう》にある変化《へんか》

・身長《しんちょう》が伸《の》びる
・ふっくらしてくる
・わき毛《げ》、性毛《せいもう》ひげが生《は》える

・うでやあしの毛《け》も濃《こ》くなる

・ニキビができやすくなる

・からだのにおいが強《つよ》くなる

見《み》た目《め》の変化《へんか》

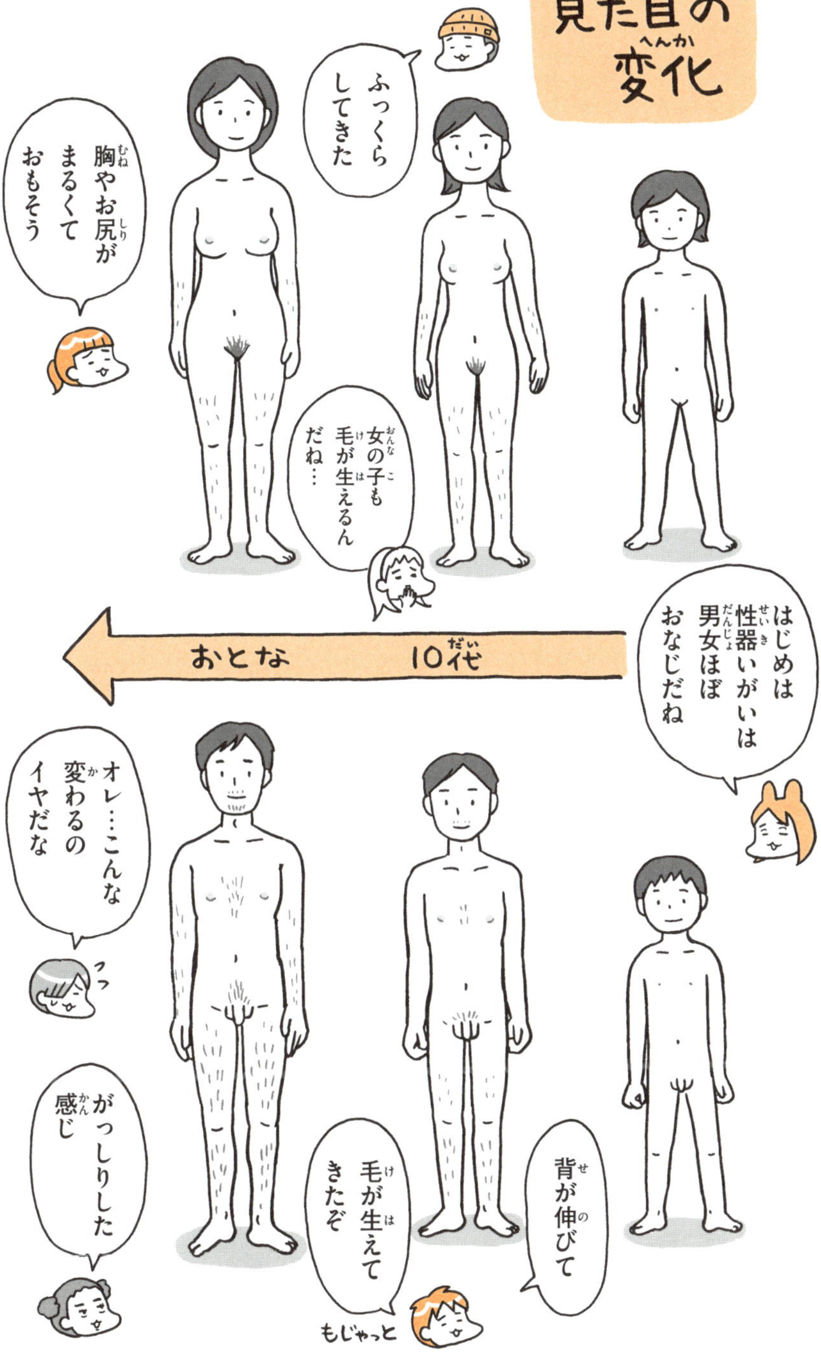

この変化《へんか》は「ホルモン」が影響《えいきょう》して起《お》こるの
ホルモン？
焼肉《やきにく》の？
ジュ〜〜
そのホルモンじゃなくて
「エストロゲン」と「アンドロゲン」という卵巣《らんそう》・精巣《せいそう》から出《で》る物質《ぶっしつ》のこと
でなさい
脳《のう》からの指令《しれい》で
卵巣《らんそう》・精巣《せいそう》から
エストロゲン
アンドロゲン
ホルモンによってへんかはおきるけど
いつ起《お》こるのかどんな変化《へんか》があるのかはそれぞれ人《ひと》によって違《ちが》うの
小《しょう》4で変《か》わる人《ひと》もいれば
高校生《こうこうせい》になってから変化《へんか》がくる人《ひと》もいるんだよ
高校生《こうこうせい》
小《しょう》4
そうなんだ
わたしはゆっくり変化《へんか》がくるタイプなのかもな
ホッ

男子《だんし》も女子《じょし》も、おたがいのからだのことを知《し》らなきゃダメ？

たとえば大人《おとな》になったとき…

Ⓐと Ⓑの男性《だんせい》のちがいは、相手《あいて》のからだのしくみを **「知《し》っている」** かどうかです。

男性《だんせい》も女性《じょせい》も、おたがいのからだのしくみを知《し》っていると、自然《しぜん》に受《う》けとめることができるようになります。自分《じぶん》のからだのことが受《う》けとめてもらえたら、とても安心《あんしん》しますね。

相手《あいて》の元気《げんき》がなかったり、いつもとちがうとき。

「実《じつ》はね、おなかがいたいんだ」とうち明《あ》けられたとき。

相手《あいて》の具合《ぐあい》を聞《き》いて **「自分《じぶん》にできることはないかな？」** と考《かんが》えられたらいいですね。大《おお》きくなっても、おじいさんとおばあさんになっても、まわりの人《ひと》ととてもあたたかい関係《かんけい》をきずいていけることでしょう。

女《おんな》の子《こ》は10〜14才《さい》くらいの頃《ころ》に
脳《のう》からの指令《しれい》で卵巣《らんそう》から「エストロゲン」というホルモンがたくさんでることで
月経《げっけい》（生理《せいり》）がはじまるよ
そしてだいたい50さいくらいまでつづくの
一般的《いっぱんてき》には「生理《せいり》」とよばれているけど医学的《いがくてき》には「月経《げっけい》」というよ
10さい・・・
じゃあこのクラスにも生理《せいり》がはじまってる人《ひと》がいるの？
んーー
そうかもしれないけど…
それはプライバシーだから誰《だれ》かに言《い》う必要《ひつよう》はありません

ところで生理《せいり》って何《なに》？
なにがどうなるの？
血《ち》が出《で》るって聞《き》いたけど…
えっ
どこから？
おしり？
ち…
血《ち》が出《で》るの？痛《いた》そう～
なんか怖《こわ》い…
なんで？なんのためにあるの？
？
どのくらいでるの？
月経《げっけい》（生理《せいり》）はくりかえし起《お》こる子宮《しきゅう》からの出血《しゅっけつ》のことで妊娠《にんしん》するからだに必要《ひつよう》なことなんだ
妊娠《にんしん》っていうのは赤《あか》ちゃんができておなかで育《そだ》つこと
月経《げっけい》（生理《せいり》）がなんのためにあるのかは妊娠《にんしん》と月経《げっけい》（生理《せいり》）のしくみを知《し》るとわかるよ
せつめいするね

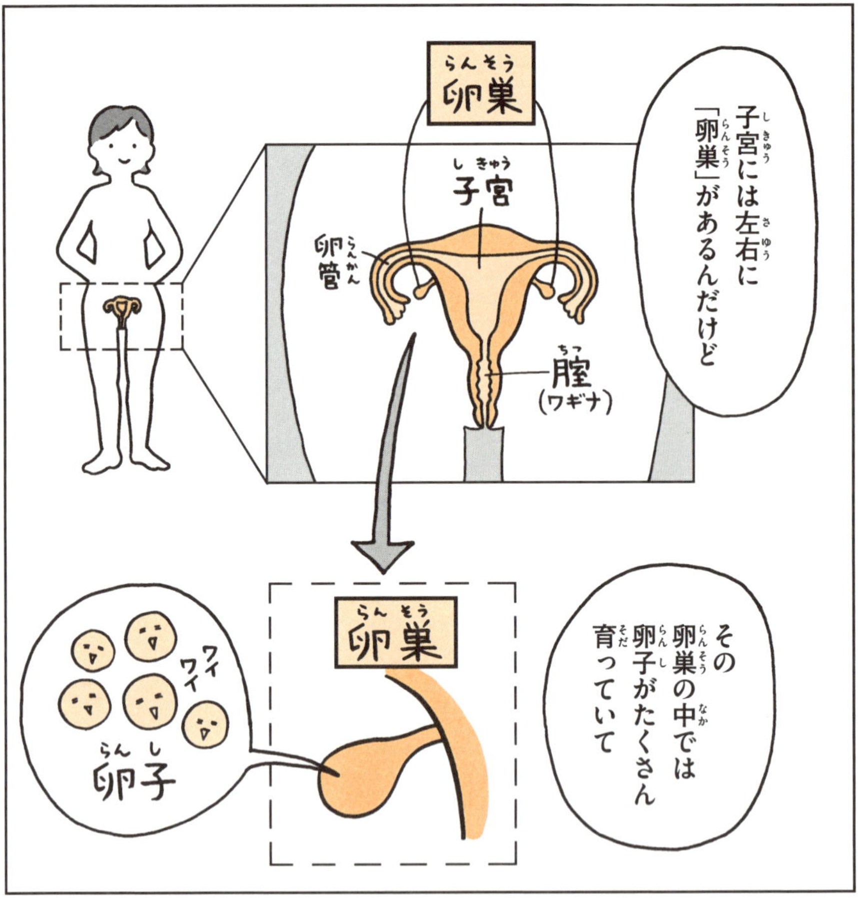
子宮《しきゅう》には左右《さゆう》に
「卵巣《らんそう》」があるんだけど
卵巣《らんそう》
子宮《しきゅう》
卵管《らんかん》
膣《ちつ》
（ワギナ）
その
卵巣《らんそう》の中《なか》では
卵子《らんし》がたくさん
育《そだ》っていて
卵巣《らんそう》
ワイワイ
卵子《らんし》

その卵子《らんし》の
うちのひとつが
およそ月《つき》に1回《かい》
左右《さゆう》の卵巣《らんそう》の
どちらかから
とび出《だ》して
卵管《らんかん》に
吸《す》い込《こ》まれる
わたし
いきまーす
ポン
卵管《らんかん》
卵巣《らんそう》
ちゅ〜

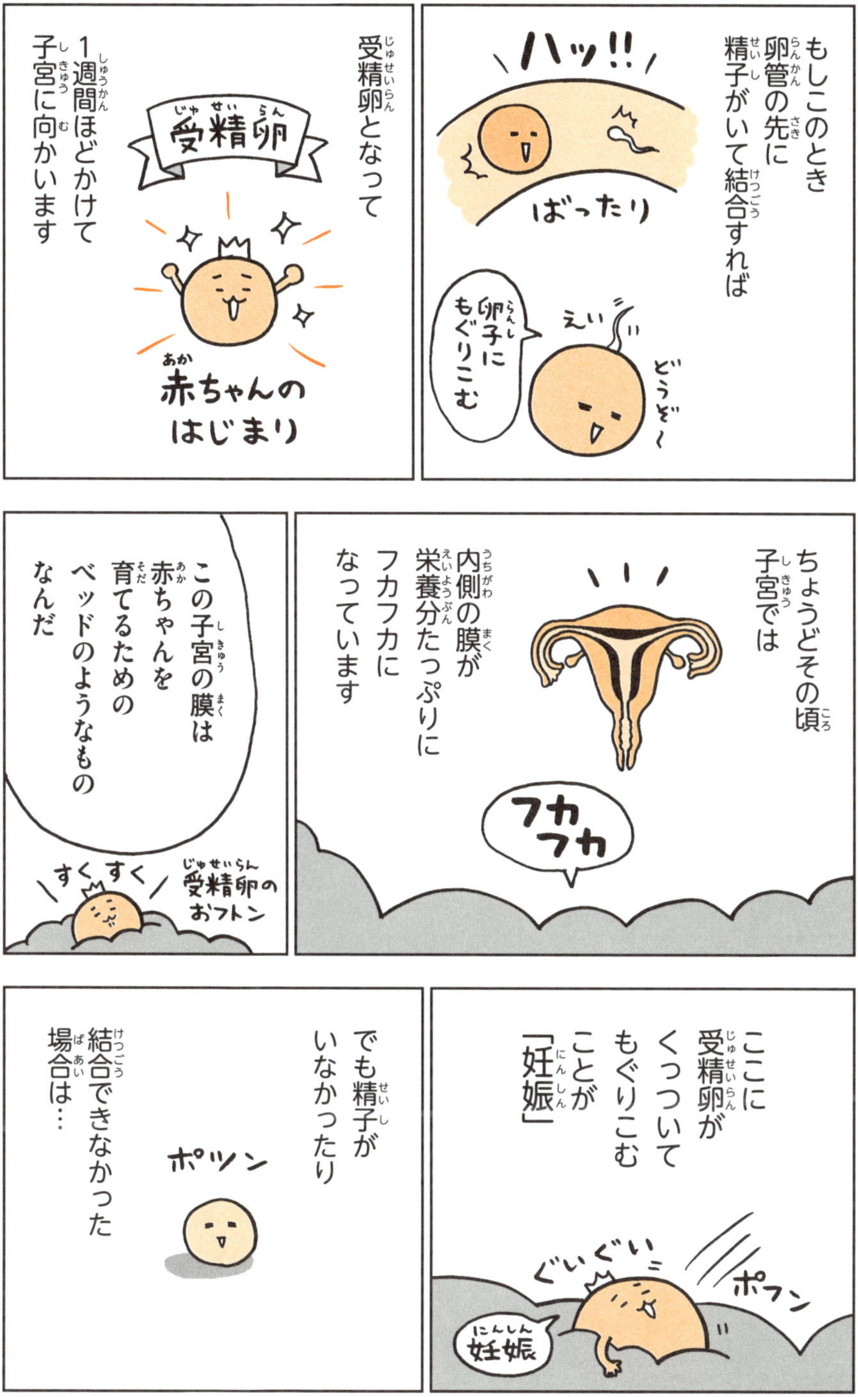
もしこのとき
卵管《らんかん》の先《さき》に
精子《せいし》がいて結合《けつごう》すれば
ハッ!!
ばったり
卵子《らんし》にもぐりこむ
えい
どうぞく
受精卵《じゅせいらん》となって
受精卵《じゅせいらん》
赤《あか》ちゃんのはじまり
1週間《しゅうかん》ほどかけて
子宮《しきゅう》に向《む》かいます
ちょうどその頃《ころ》
子宮《しきゅう》では
内側《うちがわ》の膜《まく》が
栄養分《えいようぶん》たっぷりに
フカフカに
なっています
フカフカ
この子宮《しきゅう》の膜《まく》は
赤《あか》ちゃんを
育《そだ》てるための
ベッドのようなもの
なんだ
すくすく
受精卵《じゅせいらん》のおフトン
ここに
受精卵《じゅせいらん》が
くっついて
もぐりこむ
ことが
「妊娠《にんしん》」
ぐいぐい
ポフン
妊娠《にんしん》
でも精子《せいし》が
いなかったり
結合《けつごう》できなかった
場合《ばあい》は…
ポツン

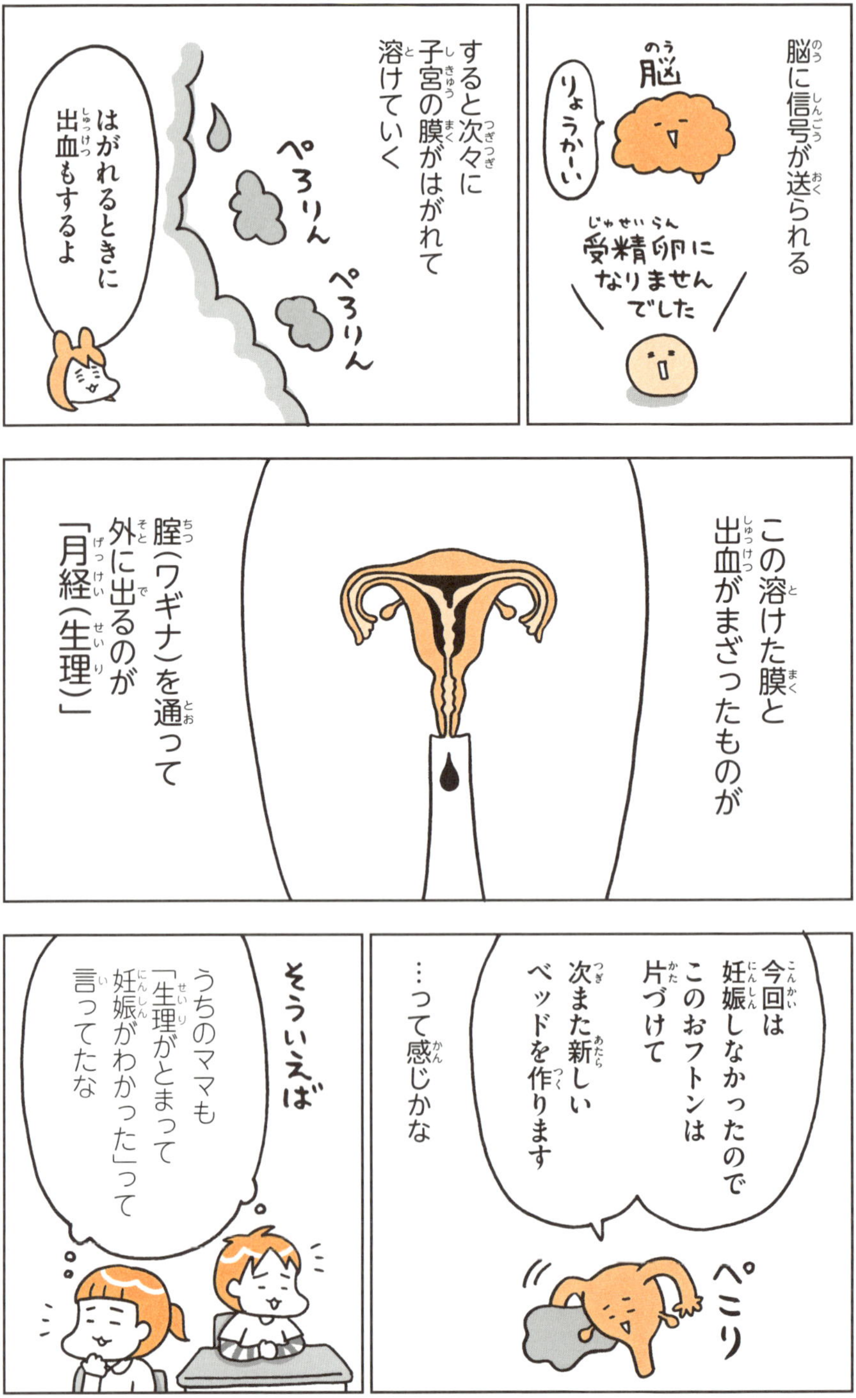
脳《のう》に信号《しんごう》が送《おく》られる
脳《のう》
りょうか〜い
受精卵《じゅせいらん》になりませんでした
すると次々《つぎつぎ》に子宮《しきゅう》の膜《まく》がはがれて溶《と》けていく
ぺろりん
ぺろりん
はがれるときに出血《しゅっけつ》もするよ
この溶《と》けた膜《まく》と出血《しゅっけつ》がまざったものが
膣《ちつ》(ワギナ)を通《とお》って外《そと》に出《で》るのが「月経《げっけい》(生理《せいり》)」
今回《こんかい》は妊娠《にんしん》しなかったのでこのおフトンは片《かた》づけて次《つぎ》また新《あたら》しいベッドを作《つく》ります
…って感《かん》じかな
ぺこり
そういえば
うちのママも「生理《せいり》がとまって妊娠《にんしん》がわかった」って言《い》ってたな

「もう生理《せいり》きてる?」って聞《き》かれたら?

答《こた》えたくなければ答《こた》えるひつようはありません。月経《げっけい》（生理《せいり》）がはじまっていること、まだはじまっていないこと、いま月経《げっけい》（生理《せいり》）中《ちゅう》であることは、**きみのプライバシー**です。しつこく聞《き》いてくる人《ひと》には、「それはプライバシーだよ」と言《い》えばいいですね。「プライバシー」とは、自分《じぶん》だけのこと、他人《たにん》に知《し》られない権利《けんり》、他人《たにん》から口出《くちだ》しされない権利《けんり》のことです。

体育《たいいく》の授業《じゅぎょう》を見学《けんがく》していたら「生理《せいり》なの?」と聞《き》かれた、と話《はな》してくれた女子《じょし》がいました。月経《げっけい》（生理《せいり》）中《ちゅう》は、みんな体育《たいいく》の授業《じゅぎょう》を見学《けんがく》するわけでもありません。からだを動《うご》かすことはオッケーとされています。ただ、からだのどこかに痛《いた》みやだるさがある日《ひ》、経血《けいけつ》が多《おお》くて心配《しんぱい》な日《ひ》は、ムリをしないで見学《けんがく》しましょう。先生《せんせい》に言《い》いづらいときは、おうちの人《ひと》や、あらかじめ保健室《ほけんしつ》の先生《せんせい》に相談《そうだん》してもいいですね。

「月経《げっけい》（生理《せいり》）だからみんな○○」
という思《おも》いこみには注意《ちゅうい》しましょうね。

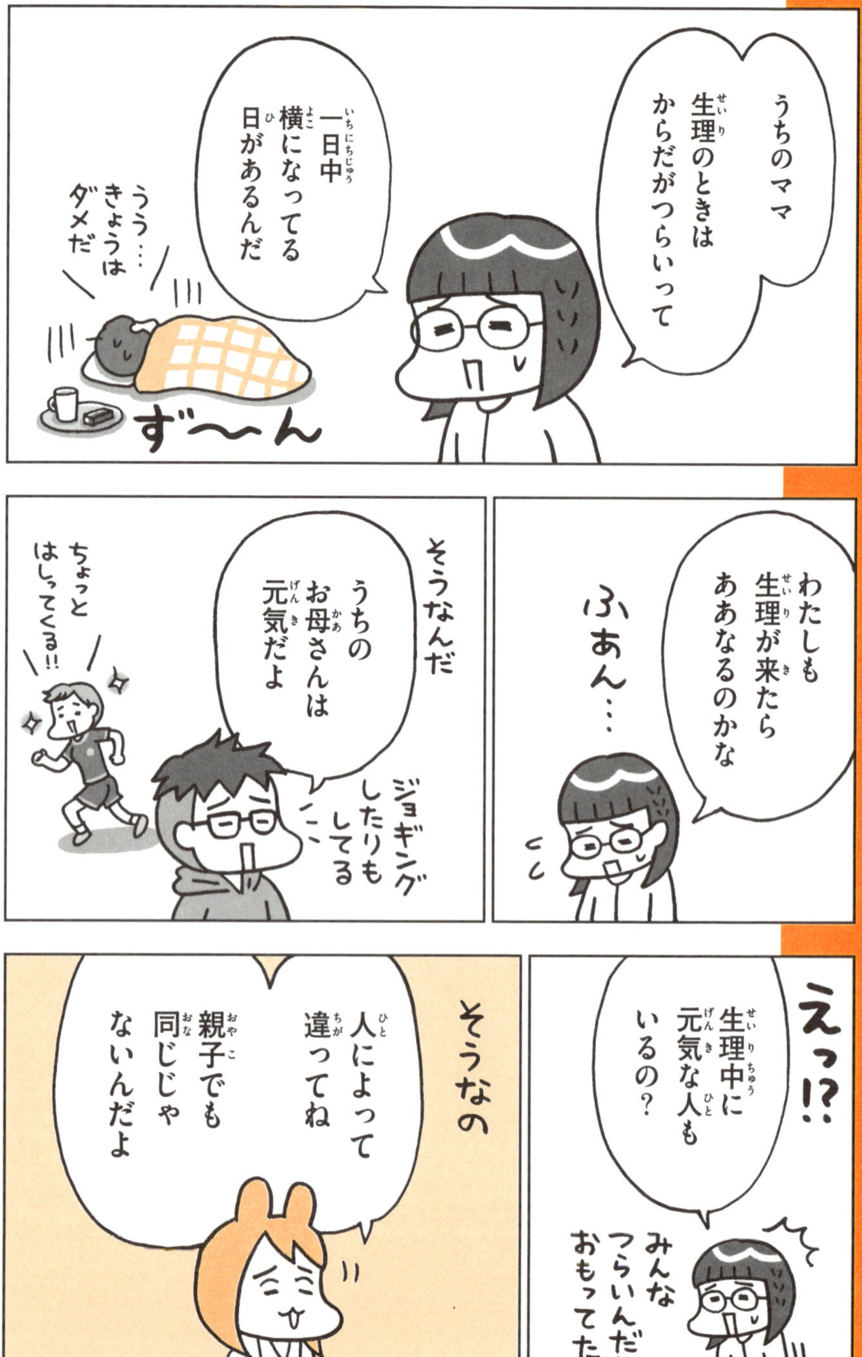
うちのママ
生理《せいり》のときは
からだがつらいって
一日中《いちにちじゅう》
横《よこ》になってる
日《ひ》があるんだ
うう…
きょうは
ダメだ
ず〜ん
わたしも
生理《せいり》が来《き》たら
ああなるのかな
ふあん…
そうなんだ
うちの
お母《かあ》さんは
元気《げんき》だよ
ジョギング
したりも
してる
ちょっと
はしってくる!!
えっ!?
生理中《せいりちゅう》に
元気《げんき》な人《ひと》も
いるの？
みんな
つらいんだと
おもってた
そうなの
人《ひと》によって
違《ちが》ってね
親子《おやこ》でも
同《おな》じじゃ
ないんだよ

月経《げっけい》(生理《せいり》)中《ちゅう》や
その前《まえ》に
だるくなる人《ひと》も
いるし…
おなかの痛《いた》みが
強《つよ》い人《ひと》もいれば
痛《いた》くない
人《ひと》もいるんだ
だるくて
つらい…
いたい
へいき
おなかはなんで
痛《いた》くなるの？
ケチャップを
全部《ぜんぶ》出《だ》すときを
イメージしてみて
ぎゅう～
それと同《おな》じように
膜《まく》をおし出《だ》すため
子宮《しきゅう》がぎゅっと
ちぢむことで
生理痛《せいりつう》(月経痛《げっけいつう》)は
起《お》こるの
ぎゅっ
生理《せいり》って
どのくらいの間《あいだ》
続《つづ》くんだろ？
何日《なんにち》くらい？
生理《せいり》はだいたい
1カ月《げつ》に
1回《かい》来《き》て
3日《か》から
7日《か》くらい
続《つづ》くよ
えー
ながい!!

えっ そのあいだ
ずっと血《ち》は出《で》てるの？
ずっと出《で》続《つづ》けるわけではないけど
月経《げっけい》(生理《せいり》)がはじまるタイミングも出血《しゅっけつ》も基本的《きほんてき》にはコントロールできないの
あっ
生理《せいり》きてた
たとえばおしっこみたいにガマンしてトイレでだせるものじゃないんだ
そ… そうなんだ
え〜
学校《がっこう》で突然《とつぜん》なったらどうしよう…
ねー
そのときは保健室《ほけんしつ》の先生《せんせい》に相談《そうだん》して
こういうことのプロだから
もちろん担任《たんにん》の先生《せんせい》でもいいし
頼《たよ》ってくれてだいじょうぶだよ
他《ほか》にも心配《しんぱい》ごとやわからないことある？

経血《けいけつ》が下着《したぎ》や服《ふく》に
ついたらどうすればいい？

気《き》がついたら早《はや》めに水《みず》かぬるま湯《ゆ》で
あらうといいよ。それからせんたくきに
入《い》れればだいじょうぶ。

経血《けいけつ》はお湯《ゆ》でかたまりやすく
時間《じかん》がたつと取《と》れにくくなるので

水《みず》につけて
おくだけでも
あとで取《と》れやすい

家《いえ》でならおうちの人《ひと》に、学校《がっこう》でなら
保健室《ほけんしつ》の先生《せんせい》に相談《そうだん》してね。

友達《ともだち》の服《ふく》についてるのを
見《み》つけたら？

だれにでもあることだから、
さわがないで、そっと声《こえ》をかけて
上着《うわぎ》などを腰《こし》にまいたりノートやバッグで
カバーして保健室《ほけんしつ》に相談《そうだん》に来《き》てね。

おなか痛《いた》いときはどうすればいい？

ラジオ体操《たいそう》くらいのかるい運動《うんどう》をしたり
カイロや湯《ゆ》たんぽなどでおなかを
温《あたた》めるとラクになることもあるよ。
夜《よる》は湯《ゆ》ぶねに入《はい》ってからだを温《あたた》めて。

起《お》きているのがつらいような痛《いた》みには
ガマンしないで薬《くすり》を使《つか》ったほうがいいよ。

薬《くすり》は人《ひと》によって
アレルギーや副作用《ふくさよう》があるから
おうちの人《ひと》に相談《そうだん》して
からだに合《あ》ったものをえらんでね

ゲリの痛《いた》みとはちがうの？

ゲリのときは腸《ちょう》が、月経痛《げっけいつう》（生理痛《せいりつう》）のときは
子宮《しきゅう》がぎゅっとちぢんでいるの。
別《べつ》の場所《ばしょ》のちがう痛《いた》みだよ。

うちのママはPMS《ピーエムエス》っていってた
それも生理《せいり》のこと？

よくきいたね

PMS《ピーエムエス》は月経《げっけい》(生理《せいり》)の日《ひ》の
数日前《すうじつまえ》から起《お》こる体調《たいちょう》の変化《へんか》のこと。
月経《げっけい》のある女性《じょせい》のうち70～80％に
なんらかの症状《しょうじょう》があり
その症状《しょうじょう》は200種類以上《しゅるいいじょう》とも
いわれているの。

PMS《ピーエムエス》が…

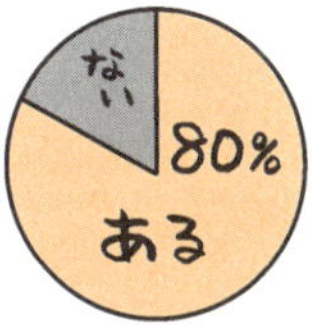

月経《げっけい》がくると
おさまるのが
特徴《とくちょう》

PMS《ピーエムエス》の症状《しょうじょう》

頭《あたま》がいたい　うんちがでない　ニキビができる
イライラする　たべすぎる
かなしくなる　たべたくない
など
200種類以上《しゅるいいじょう》

つらいときは
婦人科《ふじんか》に相談《そうだん》するといいよ。

生理《せいり》の前《まえ》にも体調《たいちょう》が
悪《わる》くなったりするんだ…

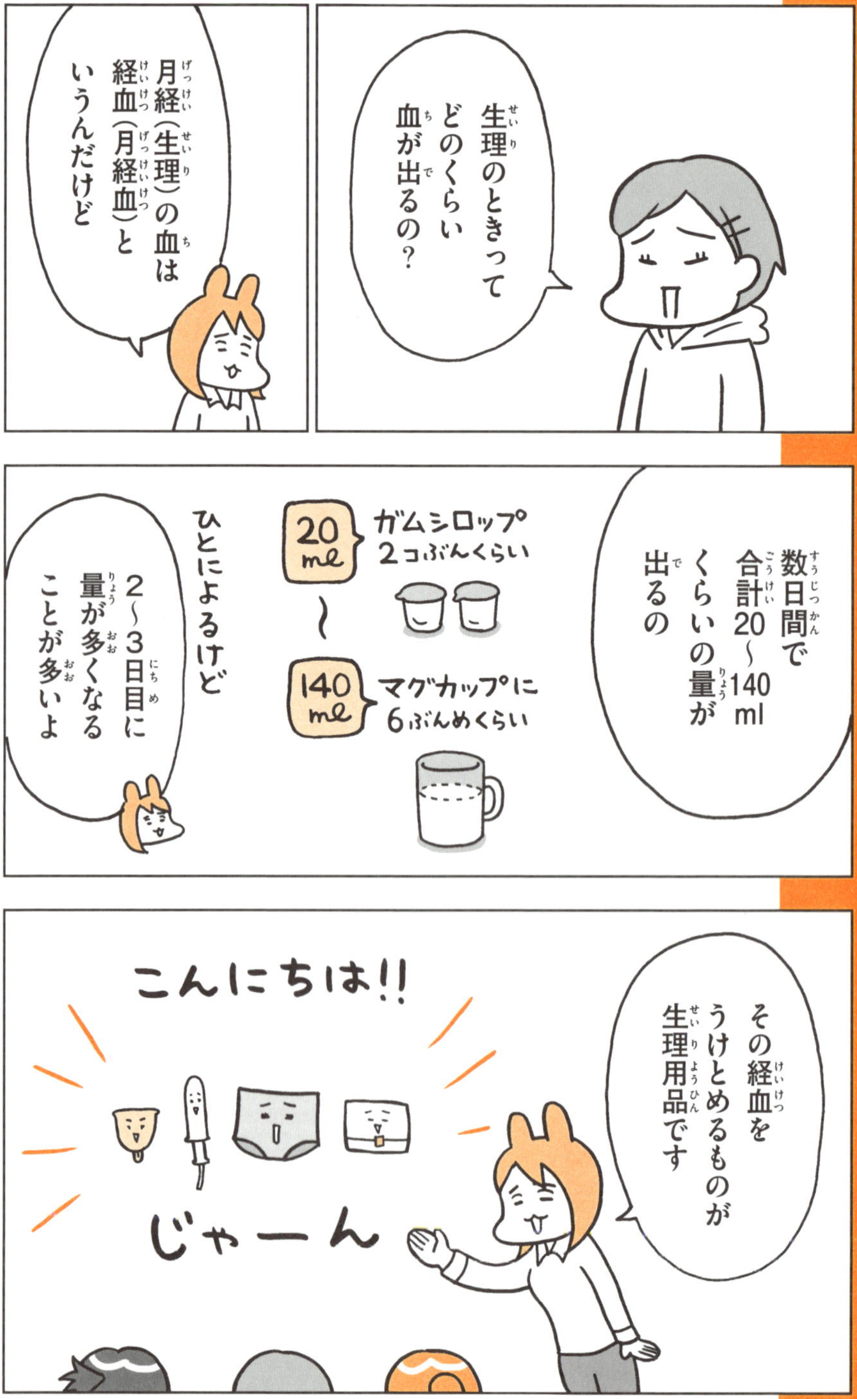
生理《せいり》のときって どのくらい 血《ち》が出《で》るの？
月経《げっけい》（生理《せいり》）の血《ち》は 経血《けいけつ》（月経血《げっけいけつ》）と いうんだけど
数日間《すうじつかん》で 合計《ごうけい》20〜140ml くらいの量《りょう》が 出《で》るの
20ml ガムシロップ 2コぶんくらい
〜
140ml マグカップに 6ぶんめくらい
ひとによるけど 2〜3日目《にちめ》に 量《りょう》が多《おお》くなる ことが多《おお》いよ
その経血《けいけつ》を うけとめるものが 生理用品《せいりようひん》です
こんにちは!!
じゃーん

まずはわたし
生理用品《せいりようひん》で一番《いちばん》メジャーな「ナプキン」です
紙《かみ》ナプキンとか使《つか》いすてナプキンともよばれます
下着《したぎ》につけて使《つか》います
知《し》ってる!! コンビニでも売《う》ってるよね

ナプキンには大《おお》きさや厚《あつ》さ形《かたち》などたくさんのバリエーションがあるの
ねてるときいがいは1〜2時間《じかん》に1回《かい》こうかんする
量《りょう》にあわせて
• 軽《かる》い日用《ひよう》
• 普通《ふつう》の日用《ひよう》
• 多《おお》い日用《ひよう》
ちいさめ うすめ
大《おお》きかったり 厚《あつ》かったり
ずらっ
• 羽《はね》 あり なし
• 夜用《よるよう》
おしり側《がわ》をしっかりカバー
• スリムタイプ
うすいからもっていくときかさばらない
• ショーツタイプ
モレにくく安心《あんしん》
羽《はね》って何《なん》のため?
下着《したぎ》につけるときにズレにくく固定《こてい》できるの

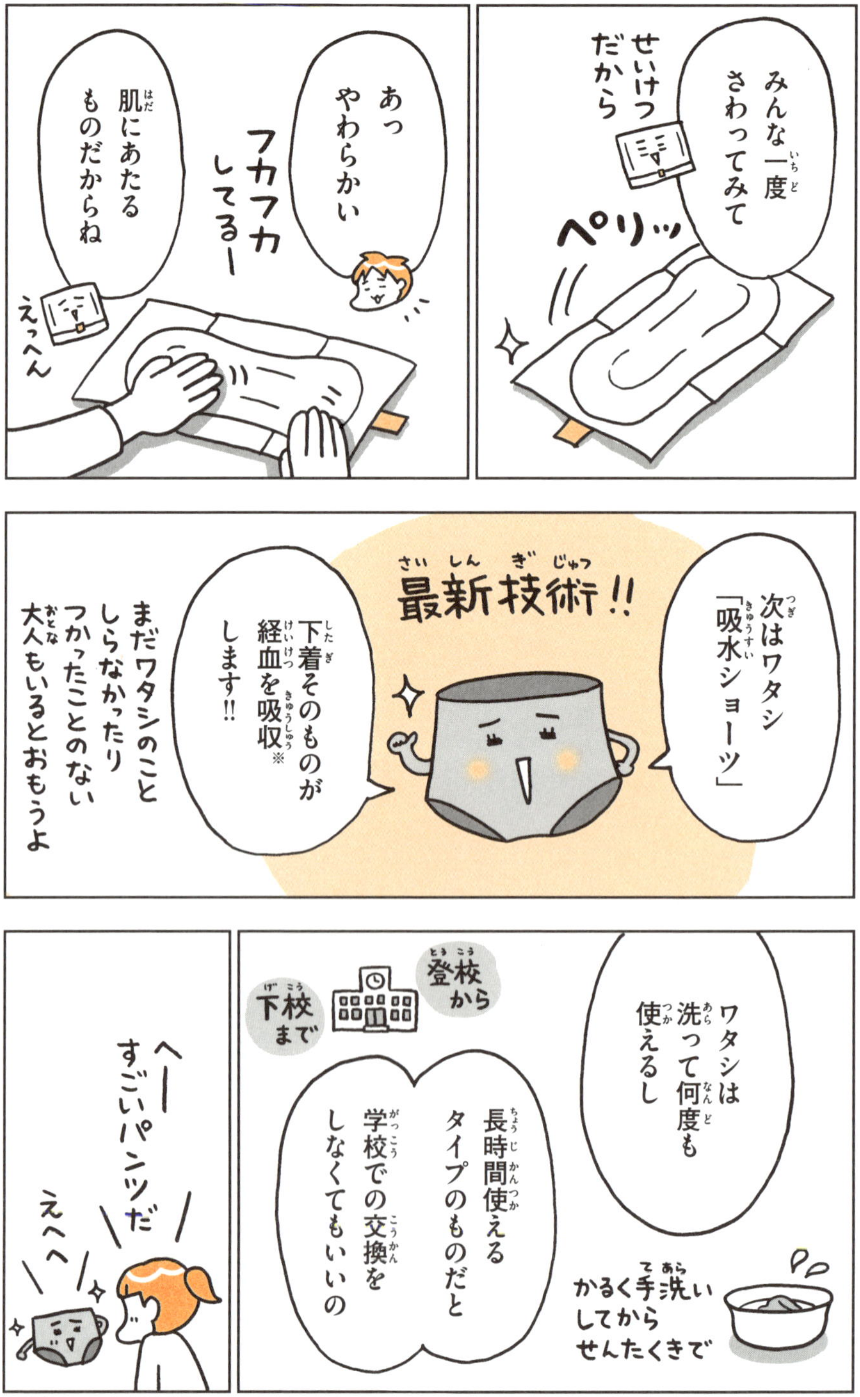

※商品《しょうひん》により吸収《きゅうしゅう》と表現《ひょうげん》していないものもあります。

お次《つぎ》は わたくし タンポン
わたくし ナプキンより さきに日本《にほん》デビュー しましたの
ロケット みたい
おもしろい形《かたち》 どうやって 使《つか》うの？
なまえも おもしろい
注射器《ちゅうしゃき》みたいに押《お》すと 中《なか》から吸収体《きゅうしゅうたい》が出《で》てきて
おすと
とりだすときのヒモ
吸収体《きゅうしゅうたい》が でてくる
膣《ちつ》（ワギナ）の中《なか》で 経血《けいけつ》を吸収《きゅうしゅう》するの
ナプキンで かぶれちゃったり プールや海《うみ》に はいるとき 運動《うんどう》するときに よく呼《よ》ばれます
ありがと
最後《さいご》にアタシ 月経《げっけい》カップ
やわらかい シリコンなどで できてるんだ
膣《ちつ》（ワギナ）の中《なか》に 入《い》れて経血《けいけつ》を ためるの
あらって消毒《しょうどく》して なんどもつかえるのよ
ペコッと おりたたんで いれると
↓
なかで ひらく
↓
たまったら とりだして すてる

タンポンや月経《げっけい》カップって痛《いた》くないの？
正《ただ》しく使《つか》えば痛《いた》くなくてよ？
膣《ちつ》（ワギナ）はいりぐちより奥《おく》は無感覚《むかんかく》ゾーンだからね
でもちょっとむずかしそう
そうね〜
タンポンと月経《げっけい》カップは使《つか》いかたにちょっとコツがいるよね…
ナプキンとくらべたらおねえさんむけ
今《いま》はまだ使《つか》わなくても将来《しょうらい》の選択肢《せんたくし》として知《し》っておいてね
まあそうね
あたしたちを
生理用品《せいりようひん》はより快適《かいてき》にすごせるようにどんどん進化《しんか》しているから
「自分《じぶん》に合《あ》う」と感《かん》じるものをゆっくりさがしてね

生《せい》理《り》用《よう》品《ひん》って、どこで手《て》に入《はい》るの？

生理用品《せいりようひん》の中《なか》で、一番《いちばん》手《て》に入《はい》りやすいのはナプキンです。初《しょ》経《けい》をふくめ、月経《げっけい》（生理《せいり》）はたいてい〝とつぜん〟はじまるので、生理用品《せいりようひん》がなくてこまることもあります。女子《じょし》も男子《だんし》も、ナプキンがどこで手《て》に入《はい》るのかを知《し》っておくといいですね。

学校《がっこう》なら、保健室《ほけんしつ》の先生《せんせい》をたよりましょう。最近《さいきん》では、学校《がっこう》のトイレや、図書館《としょかん》や児童館《じどうかん》といった市区町村《しくちょうそん》のしせつのトイレや窓口《まどぐち》に置《お》いてあるところもふえました。

外出中《がいしゅつちゅう》でお金《かね》を持《も》っていたらコンビニへ。持《も》ち歩《ある》きやすい少量《しょうりょう》タイプが売《う》られています。ショッピングセンターなどの女子《じょし》トイレには、ナプキンの自動販売機《じどうはんばいき》があったり、専用機器《せんようきき》にスマホアプリをかざすと、無料《むりょう》で受《う》け取《と》れるサービスも広《ひろ》がっています。

ちなみに、1回《かい》の月経《げっけい》（生理《せいり》）を6日間《かかん》として、使《つか》うナプキンの数《かず》は人《ひと》によってちがいますが目安《めやす》は40枚《まい》ほど（114ページ参照《さんしょう》）。公共《こうきょう》のトイレにトイレットペーパーがあるのと同《おな》じように、生理用品《せいりようひん》が身近《みぢか》にある社会《しゃかい》になるといいなと思《おも》います。

お出《で》かけ先《さき》で突然《とつぜん》
はじまることもあるから

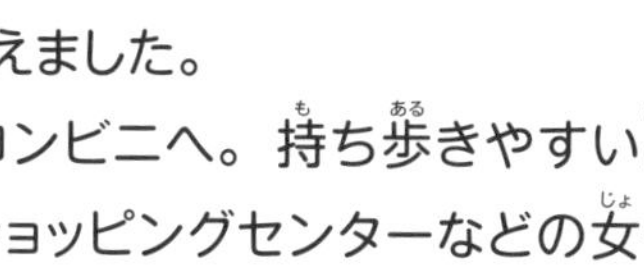

コンビニで売《う》られて
いるのは助《たす》かるね

※取材協力：ユニ・チャーム

生《せい》理《り》中《ちゅう》にナプキンは何《なん》枚《まい》くらい必《ひつ》要《よう》？

経血《けいけつ》が多《おお》い日《ひ》

日中《にっちゅう》 約《やく》2時間《じかん》ごとに交換《こうかん》

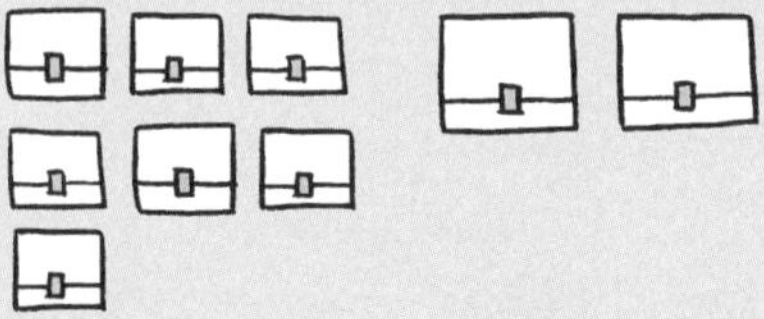

日中《にっちゅう》 7枚《まい》 ＋ 夜用《よるよう》 2枚《まい》

×2日《か》間《かん》

18枚《まい》

＋

ふつうの日《ひ》

日中《にっちゅう》 約《やく》3時間《じかん》ごとに交換《こうかん》

日中《にっちゅう》 5枚《まい》 ＋ 夜用《よるよう》 1枚《まい》

×4日《か》間《かん》

24枚《まい》

合計《ごうけい》42枚《まい》くらい必要《ひつよう》なんだね

取材協力：ユニ・チャーム

さて
いのちができるときって
女性《じょせい》の卵子《らんし》とあと何《なに》が必要《ひつよう》だったでしょうか
？＋
卵子《らんし》
ヒント!! さいしょの文字《もじ》は…
せ
せ…せ…
精子《せい し》だ!!
正解《せいかい》
たしか
男性《だんせい》が作《つく》るいのちのもとだったよね
そう
じゃあその精子《せいし》はどこで作《つく》られる？
えっと
…たま？
キリッ
うん正式《せいしき》には
精巣《せいそう》（こうがん）というよ
精巣《せいそう》で作《つく》られた精子《せいし》は他《ほか》の液体《えきたい》とまざって
精液《せいえき》という白《しろ》っぽくてネバネバした体液《たいえき》になる
白《しろ》っぽいんだ…
え〜ネバネバしてんの〜

その精液《せいえき》が
ペニスから
出《で》ることを
射精《しゃせい》
はじめて射精《しゃせい》が
起《お》こることを
精通《せいつう》というよ
だいたい
11才《さい》から13才《さい》
くらいでおこる

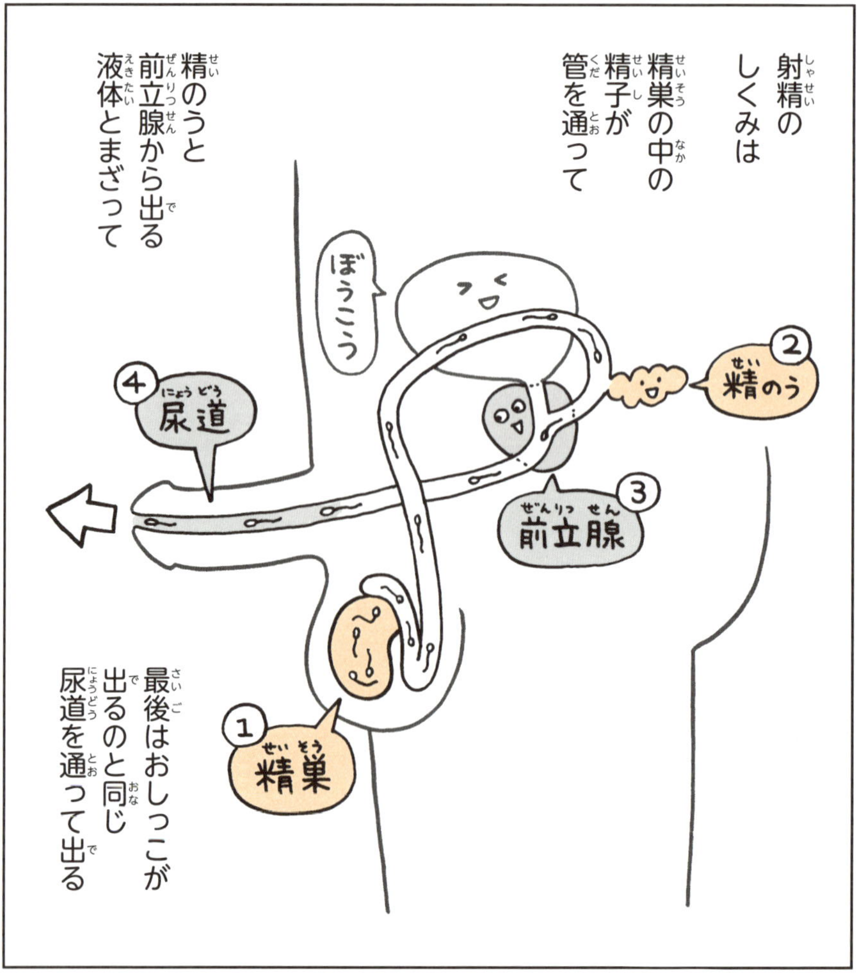
射精《しゃせい》の
しくみは
精巣《せいそう》の中《なか》の
精子《せいし》が
管《くだ》を通《とお》って
精《せい》のうと
前立腺《ぜんりつせん》から出《で》る
液体《えきたい》とまざって
ぼうこう
②精《せい》のう
④尿道《にょうどう》
③前立腺《ぜんりつせん》
①精巣《せいそう》
最後《さいご》はおしっこが
出《で》るのと同《おな》じ
尿道《にょうどう》を通《とお》って出《で》る

おしっこと同《おな》じ出口《でぐち》から？
おしっこするとき突然《とつぜん》出《で》てたらびっくりするよな
ええ〜
あっ
おしっこするときに精液《せいえき》が出《で》ることはないんだよ
射精《しゃせい》するときはおしっこをためるぼうこうの出口《でぐち》の筋肉《きんにく》が閉《と》じて
ここの筋肉《きんにく》がとじる
ぼうこう
ぎゅっ
おしっこと精液《せいえき》がまざらないようになるの
すごいしくみ
線路《せんろ》の切《き》りかえみたいだ!!
それに
射精《しゃせい》はたいてい勃起《ぼっき》してるときに起《お》こるんだよ
ぼっ…
き？
勃起《ぼっき》とはペニスが大《おお》きくかたくなって上《うえ》を向《む》くことで赤《あか》ちゃんでも起《お》こるからだの大事《だいじ》なしくみ
あなたたちもそうなることあるでしょ？

たとえばこんなときに勃起《ぼっき》は起《お》こるよ
すきな子《こ》のことを考《かんが》える
水着姿《みずぎすがた》のひとをみた
寝《ね》ているときや寝起《ねお》き
ふとした刺激《しげき》をうけた
でも自分《じぶん》の気持《きも》ちとは関係《かんけい》なく勃起《ぼっき》することもあるの
そうだよね
よくわからないけど急《きゅう》にかたくなることある
そうなんだ…
だから勃起《ぼっき》しちゃった子《こ》がいても
からかったりはやしたてたりしないよ
おさまるまでそっとしておく

ちなみに勃起《ぼっき》したら
毎回必《まいかいかなら》ず射精《しゃせい》が起《お》こるわけではない…ってことも覚《おぼ》えておいてね
毎回《まいかい》おこったらたいへんだよなー
うん
…射精《しゃせい》が起《お》きるときって痛《いた》いのかな
いたい…というより
最初《さいしょ》はフシギな感《かん》じで
だんだん気持《きも》ちのよい感覚《かんかく》になるみたいよ
いたくないんだ
生理《せいり》みたいにいたいのかとおもった
それから寝《ね》てる間《あいだ》に射精《しゃせい》することを夢精《むせい》といって
多《おお》くの子《こ》が経験《けいけん》します
しないこもいるけど
これは自分《じぶん》ではコントロールできないので恥《は》ずかしく思《おも》わなくていいよ
っ

逆《ぎゃく》に起《お》きてるときはいつでもどこでも起《お》こってしまうことではないよ
もし夢精《むせい》が起《お》きたら…どうすればいいの?
精液《せいえき》が下着《したぎ》についているだろうから自分《じぶん》で水洗《みずあら》いをして落《お》として洗濯《せんたく》に出《だ》せばいいだけだよ
ジャー
あらうのはエチケット
そのとき家族《かぞく》に「どうしたの?」って聞《き》かれたら?
家族《かぞく》につたえたほうが安心《あんしん》できるなら
夢精《むせい》があったみたい
びっくりした
言《い》いたくなければ
ちょっと自分《じぶん》で洗《あら》ってみただけ
これでOK
精通《せいつう》や夢精《むせい》の話《はなし》はプライバシーだからつたえるかどうかは自分《じぶん》で決《き》めていいんだよ

男子《だんし》も
保健室《ほけんしつ》の先生《せんせい》に
相談《そうだん》していいの？

もちろん。不安《ふあん》やわからないことがあるときは、保健室《ほけんしつ》の先生《せんせい》がきっと味方《みかた》になってくれます。
27ページで、性器《せいき》の名前《なまえ》をおぼえましたね。もしペニスやいんのうをさわると痛《いた》みがあったり、赤《あか》くなってかゆかったり、下着《したぎ》にうみのようなものがついていたりしたら、「泌尿器科《ひにょうきか》」がある病院《びょういん》でみてもらうと安心《あんしん》です。「泌尿器《ひにょうき》」とは、おしっこを出《だ》す器官《きかん》のこと。性器《せいき》、尿道《にょうどう》、ぼうこう、じん臓《ぞう》などです。おしっこはみんなするものですから、泌尿器《ひにょうき》はみんなにあります。あとは、ペニスやいんのうといった、男性《だんせい》にしかない器官《きかん》もきちんとみてくれます。かゆみだけなら「小児科《しょうにか》」や「皮膚科《ひふか》」でみてくれるところもあります。
「診察室《しんさつしつ》にはつきそいの大人《おとな》なしで入《はい》りたい」など、思《おも》うことがあったらつたえて相談《そうだん》しましょう。おうちの人《ひと》も、お医者《いしゃ》さんも看護師《かんごし》さんも、しっかり聞《き》いてくれるはずです。

相談《そうだん》することは、大人《おとな》になっても大切《たいせつ》なことです。

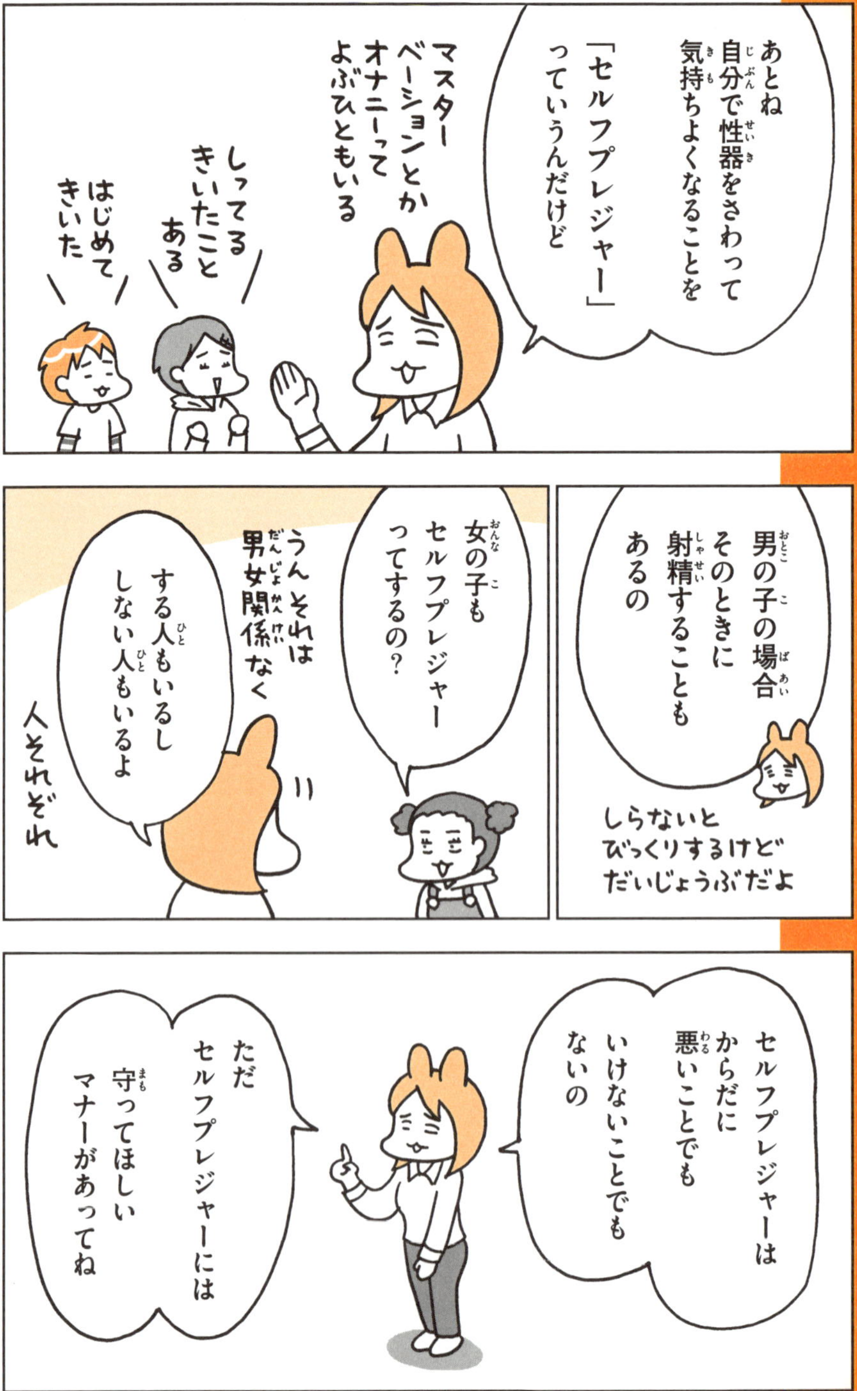
あとね
自分《じぶん》で性器《せいき》をさわって
気持《きも》ちよくなることを
「セルフプレジャー」
っていうんだけど
マスター
ベーションとか
オナニーって
よぶひともいる
しってる
きいたこと
ある
はじめて
きいた
男《おとこ》の子《こ》の場合《ばあい》
そのときに
射精《しゃせい》することも
あるの
しらないと
びっくりするけど
だいじょうぶだよ
女《おんな》の子《こ》も
セルフプレジャー
ってするの？
うん それは
男女関係《だんじょかんけい》なく
する人《ひと》もいるし
しない人《ひと》もいるよ
人それぞれ
セルフプレジャーは
からだに
悪《わる》いことでも
いけないことでも
ないの
ただ
セルフプレジャーには
守《まも》ってほしい
マナーがあってね

セルフプレジャーのマナー
①強《つよ》いしげきはあたえない
ぷにん
さわるときはゆでたまごがつぶれないくらいのちからで
②人《ひと》に見《み》られない場所《ばしょ》でする
ドアはとじて
見《み》た人《ひと》がイヤなきもちになるからね
③さわるときは清潔《せいけつ》な手《て》で
せんせー
ネット動画《どうが》で射精《しゃせい》をガマンするとタマ…
じゃなくて
精巣《せいそう》が爆発《ばくはつ》するって言《い》ってたんだけど…
ほんと？
えっ
ボオン
あら
爆発《ばくはつ》はしないよ
精子《せいし》は毎日《まいにち》作《つく》られるけどある程度《ていど》時間《じかん》がたつとからだに吸収《きゅうしゅう》されるの
白血球《はっけっきゅう》が分解《ぶんかい》してくれる
今《いま》の話《はなし》みたいに性《せい》についての間違《まちが》った情報《じょうほう》って世《よ》の中《なか》にたくさんあるんだよ
なんだデマだったのか

なんで「下《しも》ネタ」は おこられるの？

それは、性器《せいき》や性交《せいこう》、からだの変化《へんか》、排《はい》せつなどにかかわることを、とき・場所《ばしょ》・相手《あいて》を考《かんが》えずにわざと大《おお》きな声《こえ》で言《い》ったり、ふざけたり、わらい合《あ》ったりするからです。
下《しも》ネタを言《い》っていた人《ひと》たちからは「みんなが笑《わら》うから何《なに》も考《かんが》えずに言《い》っていた」「意味《いみ》はよくわかっていないときもある」という声《こえ》が聞《き》かれました。先生《せんせい》やおうちの人《ひと》などの前《まえ》ではあまり言《い》わないから、いいことではないことはわかっているみたい。
「下《しも》ネタ」だけではなく、どんな話《はなし》でも、

とき
今《いま》はその話《はなし》をしてもいいタイミングかな？

場所《ばしょ》
ここはその話《はなし》をしてもいいところ？

相手《あいて》
その話《はなし》をしてもいい相手《あいて》かな？

を考《かんが》えるのは、エチケットです。きみは楽《たの》しくても、イヤだと感《かん》じる人《ひと》もいます。「やめて」と言《い》われたらもちろん、相手《あいて》が話《はな》したくなさそうな顔《かお》をしたら、すぐにやめましょう。
みんなが性《せい》やからだについて知《し》るのは、からかい合《あ》うためではなく、自分《じぶん》や相手《あいて》を大切《たいせつ》にするためです。

6章《しょう》

〈4年《ねん》生《せい》〉

いいよ！と
イヤだよ
のはなし

【第《だい》17話《わ》】いざ！ふれあいサイコロゲーム！

みんな〜
この大雨《おおあめ》がおちつくまで
ゲームしない？
やったーするする!!
なんのゲーム？
その名《な》も……
ふれあいサイコロゲーム!!
すっ
どこからあのサイコロを!!
ねぇ
ふれあいにはどんなものがあるかな？
なでる…？
ギューする
あくしゅ
ハイタッチ

このゲームではサイコロの出《で》た目《め》で
となりの席《せき》の人《ひと》と…
握手《あくしゅ》
肩《かた》をくむ
頭《あたま》をなでる
肩《かた》もみ
ヒザにのる
ハグ
このふれあいをしてもらいまーす
♪
ええーっ!!
ザワ ザワ…
マジでとなりのひとと!?
男子《だんし》とはできないよ
女子《じょし》どうしがよかったー
5と6はサイアク〜
そのときにルールがあって…

🎲 ふれあいサイコロゲームのルール 🎲

① サイコロをふって出た目のふれあいをしてもいいか相手にきく

○○してもいいですか？

いいよ！とイヤだよのはなし

② 返事をする

いいとき

いいよ / OK

イヤなとき

今はそれをしたくないの

1はいいけど3はイヤだな

断るときは言いかたを考える

③ 断られたらやらない 怒ったり泣いたり不機嫌になったりしない

「相手を大切にする気持ち」は忘れないことね

これはたいせつ

でもそのときのつたえかたはよく考えて

イヤだって断ってもOK

ホッ

よかった…

じゃあ
サイコロ
ふりまーす
えいっ
コロコロ

2

肩《かた》をくむ

肩《かた》をくんで
いいですか？
うん
いいよ
2

6

ハグ

ギャー
イヤだ!!
ヤダ〜
ムリムリ
6

5 ヒザにのる

3 頭《あたま》をなでる

1 握手《あくしゅ》

4
肩《かた》もみ
あの
肩《かた》もみして いいですか
えっと いらない です…
あれ?
さっきオレ けんたに 肩《かた》もみしたり 頭《あたま》をなでた よな…
もしかして あのとき けんたは イヤだった かな?
肩《かた》こって ないから いらないです
でも オレたち 友達《ともだち》だし 男同士《おとこどうし》だし
きっと イヤじゃ なかった よな…?
あれ? でも 「だいじょうぶ」って いってた?
聞《き》けばよかった のかなあ 友達《ともだち》なのに わざわざ?
モヤ モヤ

ふれあいサイコロゲームをやってみた感想《かんそう》

なんか
きんちょう
したな〜

わたしがイヤだった
のは「ヒザにのる」
家族《かぞく》だったら
いいけど

しってる人《ひと》なら
だれとでもできる

またやりたい！

だれとでもムリだった
ふれるのも
ふれられるのも
気持《きも》ち悪《わる》い気《き》がする

できる人《ひと》と
できない人《ひと》がいた
外国《がいこく》ではあいさつで
ハグをしているので
むずかしいなーと思《おも》った

できる、できないは
相手《あいて》もそうだけど
ときと場合《ばあい》によると
思《おも》った。

肩《かた》をもまれるのは
いたいから
イヤだった

あくしゅだけでもできる人《ひと》と
できない人《ひと》がいる。
ちょっとタッチするぐらい
でもふれあいなんだな
事情《じじょう》があるときはでき
ないかも。

今《いま》までハグとかされて、
イヤなときはふつうに
「やだ」って言《い》っていた。
もしかしたら相手《あいて》は
きずついていたかもしれ
ない。気《き》をつける。

男子《だんし》とはあくしゅもイヤ
女子《じょし》とでも、ヒザにのられ
ると重《おも》いからイヤかも。
人《ひと》によってイヤな理由《りゆう》が
あるから、ふれるときは
相手《あいて》に聞《き》いたほうがいい。

じゃあ次《つぎ》は
好《す》きな子《こ》同士《どうし》で
組《く》んでみようか
3人《にん》でも
いいよ
やった〜〜
ホッ
おや
男女《だんじょ》で
わかれたね
男同士《おとこどうし》がいい
サイコロ
ふりまーす
2
肩《かた》をくむ
よーし
ガッ
6
ハグ
がばっ
5
ヒザにのる
イエーイ
わっ
ん?

ちょっとストップ
みんな
ルール通《どお》り「してもいい？」って聞《き》いてる？
仲《なか》いいし聞《き》かなくてもわかるもん
男同士《おとこどうし》だしな
最初《さいしょ》に「何《なに》してもいいよ」って言《い》ってくれたから
だいじょうぶ
わー
そうかな？
さっきはいいと思《おも》ったけど気持《きも》ちが変《か》わって今《いま》はイヤってこともあるんじゃない？
同性《どうせい》でも仲《なか》がよくても
えー あるかな？
たとえば…
？

お母《かあ》さんにふれられたときあなたの気持《きも》ちは
うれしかったりイヤだったり
そのときによって変《か》わったりしない？
あー
変《か》わる…な
そうなの
たとえ同《おな》じ人《ひと》とでもどんなに親《した》しくてもときと場合《ばあい》によって変《か》わるの
なんでかというと
人《ひと》はだれかとふれあったときに
あったかい ホッとする きもちいい
ちょっと イヤだな こわいな
って気持《きも》ちが自然《しぜん》とわきおこるんだけど

それは目《め》に見《み》えない
あつい
イヤなこと おもいだした
さむい
かなしい
におい
はだざわり
つかれた
さみしい
たのしい
すき
いろいろなことが関係《かんけい》している
家族《かぞく》でも友達《ともだち》であっても別《べつ》の人間《にんげん》だし
目《め》に見《み》えないことはわからないでしょ？
？
だからふれてもいいかを聞《き》くことは大事《だいじ》なんだよ
〇〇していい？
かってにきめることじゃないんだ
そしてイヤなときは「イヤだ」「やめて」って言《い》っていいの
それは今《いま》イヤなんだやめてね
自分《じぶん》の気持《きも》ちに正直《しょうじき》になってね

でも…
言《い》いにくいときもあるよ
イヤって言《い》ったら相手《あいて》が傷《きず》つくかもしれないし
機嫌《きげん》が悪《わる》くなったり怒《おこ》ったらイヤだなって思《おも》っちゃう
ムスッ
うーん でもさ…
「イヤ」って自分《じぶん》の気持《きも》ちをつたえるのって相手《あいて》を傷《きず》つけようとして言《い》ってるわけじゃないよね
そう!!
それをみんなが知《し》っておくことが大切《たいせつ》なんだよ
実《じつ》はふれあいサイコロゲームは自分《じぶん》の気持《きも》ちをつたえたり相手《あいて》の気持《きも》ちをうけとめる練習《れんしゅう》なの
あいてをたいせつにしつつ
「イヤだ」って言《い》うのも練習《れんしゅう》が必要《ひつよう》だからね
そっかイヤっていっても
きらいだってわけじゃないんだよね

あ
雨《あめ》がやんだ
チュン
チュン
ゲームはおしまい
帰《かえ》りましょう
あさひ
ランドセル
置《お》いたら
うち集合《しゅうごう》ね
うん
あ…
あとさ
さっき
何《なに》も聞《き》かずに
頭《あたま》と肩《かた》さわって
…ゴメン
…
そうだよ～
こっちも
イヤだって
言《い》いづらいん
だからね
これから
きをつけて
くれたら
いーよ
次《つぎ》はウインナー
入《い》りね!!
サイコー
うまーっ
ホフ
ホフ

「イヤ」と言《い》う練習《れんしゅう》をする国《くに》があるんだよ

ふゆかいなこと、されたくない気持《きも》ちは、相手《あいて》につたえていいことです。

ときには「イヤ」と言《い》いづらいときもあるけれど、言《い》えなかったとしてもだいじょうぶ。「イヤ」と感《かん》じた自分《じぶん》の気持《きも》ちを、なかったことにしないでね。どうして言《い》えなかったのかな、と考《かんが》えることが、**きみの気持《きも》ちを大事《だいじ》にする**ことにつながります。

「イヤ」をつたえづらいのは、言《い》いなれていないから、ということもあるかもしれません。

たとえばオランダでは、4～5才《さい》から学校《がっこう》に通《かよ》いはじめますが、子《こ》どもたちはしたくないこと、されたくないことに**「NEE《ネー》!」**英語《えいご》でいうと**「NO《ノー》!」**つまり**「イヤ!」とつたえる練習《れんしゅう》**をするそうです。練習《れんしゅう》するぐらいつたえづらいけど、つたえることが大事《だいじ》なのですね。

「イヤ」は、強《つよ》いことばでもあります。そのときの場面《ばめん》や相手《あいて》によって、言《い》いかたを使《つか》いわけるといいですね。

あさひの
アイスもらっていーい?
こはるのことスキだけど…
アイスはあげられないな…
NO~
ちぇっ

きのうさ 家族《かぞく》とでかけたん だけど…
はあっ
帰《かえ》りの電車《でんしゃ》が めっっっちゃくちゃ 混《こ》んでて サイアクだった
満員電車《まんいんでんしゃ》 ってやつ？
そう
ぎゅうぎゅうで 知《し》らない人《ひと》と くっついて キモかった～
ぞわっ
大人《おとな》は よくあんなの 平気《へいき》だよな
いや～
平気《へいき》じゃ ないんじゃ ない？
うちのママも 家《いえ》で仕事《しごと》する日《ひ》は
満員電車《まんいんでんしゃ》 のらなくて いいのって サイコー!!
イエイ
イエイ
って言《い》ってるもん

そうだよ〜
わたしも満員電車《まんいんでんしゃ》や混《こ》んだところは苦手《にがて》
校長先生《こうちょうせんせい》もそうなんだ
なんで混《こ》んだところをイヤだって感《かん》じると思《おも》う?
酸素《さんそ》がうすくなるから?
においがイヤとか動《うご》きづらいからかも
そういったこともあるけど…
だれもがみんな他《ほか》の人《ひと》に入《はい》ってほしくないところ
見《み》えないバリアみたいなからだの境界《きょうかい》(バウンダリー)を持《も》ってるからなの
境界《きょうかい》とはさかいめのこと

からだの境界《きょうかい》
(バウンダリー)
見《み》えないけど
人《ひと》って
こんな感《かん》じで
境界《きょうかい》で
からだ全体《ぜんたい》が
おおわれているの
なにこれ
みえない
バリア
みたい
人《ひと》はこの
自分《じぶん》の境界《きょうかい》の中《なか》に
他《ほか》の人《ひと》が入《はい》ると
ストレスを
感《かん》じる
ひょい
ぎゅう
ぎゅう
ぎゅう
ぎゅう
だから
満員電車《まんいんでんしゃ》は
イヤなんだ
そっか
境界《きょうかい》に
はいってる
だけでなく
からだも
くっつい
てるし
うへ〜

ねぇ こはる
とつぜんだけど
握手《あくしゅ》して いいですか?
せんせいと?
…うん いいよ!
きゅっ
今《いま》ね 見《み》えないけど わたしとこはるの からだの境界《きょうかい》が きゅーって小《ちい》さく なってるの
とくにふれている 手《て》の部分《ぶぶん》は
こんなふうに からだの境界《きょうかい》は 小《ちい》さくなったり 大《おお》きくなったりするの
小《しょう》
きゅっ
大《だい》
ぼーん

境界《きょうかい》が「小《ちい》さく」なるのはどんなときだと思《おも》う？
きゃ〜っ
ひっついていいときだから…
家族《かぞく》？
好《す》きな人《ひと》？
自分《じぶん》が「いいよ」と思《おも》ったら
逆《ぎゃく》に「大《おお》きく」なるのは？
ぷっく〜
きらいな人《ひと》
よく知《し》らない人《ひと》
イヤだなって思《おも》うとき
ひとりでいたいと思《おも》うときもそうかも
そうだね

わたし るなには 境界《きょうかい》小《ちい》さく なるなー
わたしもー
あっ でも…
おなかすいて イライラしてる ときは
こはるの境界《きょうかい》 大《おお》きくなってる 気《き》がするよ
さわんな オーラ
そうだね
相手《あいて》によって 境界《きょうかい》は 変《か》わるし…
えっ そう？
そう
わかる
同《おな》じ相手《あいて》でも ときと場合《ばあい》によって
すき ふれあいたい
すき だけど 今《いま》は イヤだ
「ちょっと今《いま》は ふれられたくない」 ってときもある

そんなときは
自分《じぶん》の気持《きも》ちを
つたえていいんだよ
るなのこと
すきだけど
いまはくっつき
たくない
きもちなの
あっ
わかった
そっか…
境界《きょうかい》
（バウンダリー）って
目《め》に見《み》えないから…
ことばにして
つたえるのが
大事《だいじ》なんだ!!
そう!!
そうなん
だよ
自分《じぶん》たちで
気《き》づけて
すごいわ
でへへ

「自分《じぶん》の境界《きょうかい》」は どう つたえる?

大《おお》きくなったり小《ちい》さくなったりするきみの境界《きょうかい》は、そのときのきみが決《き》めていいことです。相手《あいて》には見《み》えないから、ことばにしてつたえることが大切《たいせつ》。ふれあいのほか、こう言《い》われたとき…

◎「トイレいっしょにいこう」
◎「好《す》きな人《ひと》 教《おし》えてよ」
◎「家《いえ》に遊《あそ》びに行《い》っていい?」
◎「連絡先《れんらくさき》教《おし》えてよ」
◎「宿題《しゅくだい》のノート見《み》せてよ」

モヤモヤしたら、こんなふうにつたえてみてください。

◎「私《わたし》は次《つぎ》の休《やす》み時間《じかん》に行《い》くよ」
◎「言《い》いたくないんだ」
◎「家《いえ》はダメだけど、公園《こうえん》で遊《あそ》ぶ?」
◎「電話番号《でんわばんごう》は教《おし》えられないんだ」
◎「宿題《しゅくだい》、いっしょにやる?」

これはそのときによって変《か》わっていいし、相手《あいて》によって変《か》わってもいいのよ。友達《ともだち》といつも意見《いけん》が同《おな》じだったり、ヒミツを打《う》ち明《あ》けることが、なかよしの証《あかし》ではないわけです。
もちろん、友達《ともだち》のこころとからだも、きみと**同《おな》じじゃない**こともわすれないでくださいね。

なあ
ケシゴム貸《か》して
どっかいった
えっ
うーん
サッ
ごしごし
ごしごし
サンキュ
ちょっ…
なんで勝手《かって》に使《つか》うんだよ
しかもカドをつかったなー!!
は？
聞《き》いたじゃん
かしてって
オレは
いいよとは言《い》ってない!!

でもひかりは「イヤ」とか「ダメ」って言《い》ってなかったし
イヤそうなかおもしてなかった
かお～？かってにきめんな
イヤならそういえばいいじゃん
ザワザワ…
…
「イヤ」って言《い》いにくいんだよね…
ですよね～
ほわん
あのさおうすけ
たとえばだけど…
おとりこみちゅうしつれいしまーす
6年生《ねんせい》に自転車《じてんしゃ》貸《か》してって言《い》われたときに
おーすけチャリかして
6年生《ねんせい》
4年生《ねんせい》
えっ
イヤだけど…
「イヤ」って言《い》いにくくて言《い》わなかったとするじゃん

これは イヤって 言《い》わなかったから OKってこと?
んなこと ないでしょ
「いいよ 貸《か》すよ」って 言《い》ってないし
かってに きめるなって
…あっ
ケシゴム
えっ
うーん
ひかりは 「貸《か》す」って言《い》って なかったな…
あれ あれ…?
そうなの
あらあら
すごいわ
○○して いい?
…と聞《き》かれて
いいよ
と答《こた》えるのを 「同意《どうい》」 というのだけど
ドーイ?

いいよ
YES
と言《い》わない限《かぎ》りは
同意《どうい》にならないの
これは
同意《どうい》
OK《オーケー》
イヤ
NO
とはっきり
言《い》う以外《いがい》にも
これは
同意《どうい》していない
こういう場合《ばあい》も
同意《どうい》していない
サインなんだ
ハッキリ答《こた》えない
う～ん そうだなぁ
「いいよ」と言《い》ったけど不安《ふあん》そうにしてる
いいよ…
だまってる かたまってる 別《べつ》の話《はなし》をする
…
同意《どうい》していない
NO《ノー》・イヤってことだよ
見《み》た目《め》や服《ふく》で
勝手《かって》に同意《どうい》を
決《き》めないことも
大切《たいせつ》なんだよ
この子《こ》ユニフォーム着《き》てるからサッカーしたいに決《き》まってる!!
あっちでサッカーしようぜ
えっ
今《いま》はしたくないのに…
う～ん

「いいよ」って言《い》ったけど途中《とちゅう》でイヤになったときは?
くすぐっていいよ
やっぱヤダ
「もうやめて」「やっぱりやめて」と言《い》っていいの
それにやめてと言《い》われたほうはすぐにやめることが大切《たいせつ》
ひーもうやめて
やめた
ホッ
こうやって相手《あいて》の気持《きも》ちを聞《き》いて大切《たいせつ》にすることを尊重《そんちょう》というんだ
キケンなことや犯罪《はんざい》以外《いがい》はね
尊重《そんちょう》
ソンチョー?
誰《だれ》にでも…まだしゃべれない赤《あか》ちゃんにだって気持《きも》ちはあるからね
イヤだってきもちをからだであらわす
あららイヤなのか
のけぞり
うーんなんか尊重《そんちょう》って相手《あいて》の言《い》うことを何《なん》でも聞《き》くってこと?

ううん
自分《じぶん》と相手《あいて》両方《りょうほう》の気持《きも》ちを大切《たいせつ》にすることなんだよ
じゃあ
さっきのケシゴム借《か》りるときはどうやって両方《りょうほう》の気持《きも》ちを尊重《そんちょう》するの？
？
それはね…
ケシゴム貸《か》して
えっ
うーん…
きもち
イヤだな
Bはいいよっていってないね
ムリそう？
…うん
ちょっと
おっ！同意《どうい》してないってきづいた
ざんねんほかの子《こ》に聞《き》いてみるよ
きもち
がっかり
うん
ゴメンね
Aもざんねんってきもちをつたえたよ
BがAのがっかりしたきもちをうけとめた

フム
なるほどな
わかった
次《つぎ》からはひかりをソンチョーしてケシゴム借《か》りるぜ
っていうかおーすけはまずケシゴム持《も》ってこいよー
わはは
へいへーい
おとしものばこのなかにあるかもなー
ふふっ
そうよ
次《つぎ》からは相手《あいて》に「同意《どうい》」をとって自分《じぶん》も相手《あいて》も「尊重《そんちょう》」できるように…
きっとなれるよ

相《あい》手《て》に「イヤ」と言《い》われたら、どうしよう?

きみが〝イヤだな〟と思《おも》ったら、「イヤ」と言《い》ってもいい。同《おな》じように、相《あい》手《て》もきみにされたことが〝イヤだな〟と思《おも》ったら、「イヤ」と言《い》ってもいいのです。
「イヤ」と言《い》われたら、最初《さいしょ》はがっかりして落《お》ちこむかもしれない。「なんで⁉」とイラッとしてしまうかもしれませんね。
そんなときはまず、きみの気持《きも》ちを落《お》ち着《つ》かせましょう。**心《こころ》の中《なか》で5を数《かぞ》える**、ゆっくり**2回深呼吸《かいしんこきゅう》**をする。水筒《すいとう》の**水《みず》を飲《の》む**のもおすすめですよ。
少《すこ》し落《お》ち着《つ》いたら、考《かんが》えてみましょう。

相《あい》手《て》が「イヤ」と言《い》ったのは、きみの〝ことば〟や〝行動《こうどう》〟。きみ自身《じしん》のことがイヤになったわけではありません。では、どうすればいいでしょう? そう、こうやって言《い》えばオッケー!
「わかった〜」「りょうかい!」
「そっか、じゃあまた今度《こんど》ね」

駄菓子屋《だがしや》さん サイコー
いろいろあるし やすい♪
ね
よし お会計《かいけい》しよっと
おねがい しまーす
すっ
えっ
ハイヨ
今《いま》 ななみ 横入《よこはい》りした…
ムムッ
公園《こうえん》
お菓子《かし》 食《た》べよー
うん
うわっっ
それ ヘンな色《いろ》!!
♪
ぢゅ～
ひぇー よくたべられるね～
いや…
ヘンな色《いろ》 だけど おいしいんだよ
チクン
うそー ムリー

人《ひと》がたのしく食《た》べてるのに
だいなしだよ…
ただいまー
おかえり
はやかったね
ん…?
こはる何《なに》かあった?
別《べつ》に? なにもない
すたすた
そうか
ひょこっ
……やっぱ話《はな》す
……って そんな感《かん》じで最近《さいきん》ななみにモヤモヤすることが多《おお》くて
ゼッコウしたいわけじゃないし
でもうまくいえなくて
そうか いえないなら…
その子《こ》と「ちょっと距離《きょり》を置《お》いてみる」のはどうかな?

キョリ?
そう
遊《あそ》ぶ回数《かいすう》を少《すこ》しへらしたり はなれてすごす時間《じかん》をふやす感《かん》じかな
はなれてもいいんだ…!!
ハッ
そりゃ人《ひと》はいつでもみんな気《き》が合《あ》うわけじゃない
どうしても仲《なか》よくできないひともいるよ
でも苦手《にがて》だったり合《あ》わない人《ひと》も大切《たいせつ》にして
いっしょの世界《せかい》で生《い》きていきたいじゃないか
そのためには距離《きょり》を置《お》く
おじいちゃんはそうしてるよ
そっかー
あっ
もしかしてストーブがあつかったらはなれたり「弱《じゃく》」にするのとにてる?
あつい
そうそう

これからも悩《なや》んだときやこまったときは「安心《あんしん》できる大人《おとな》」に話《はな》すことができるといいね
あんしんできるおとなって？
こはるの話《はなし》を信用《しんよう》して聞《き》いてくれる人《ひと》
「ウソついてるでしょ」って言《い》わない人《ひと》だよ
自分《じぶん》の近《ちか》くにそんな大人《おとな》がいるか思《おも》いうかべてみて
できれば4人《にん》くらいいるといいけど
① ママ
② おじいちゃん
③ ほけんしつの先生《せんせい》
④ 叔母《おば》さん
安心《あんしん》できる大人《おとな》を何人《なんにん》か決《き》めて…
あんしん
その人《ひと》にモヤモヤした気持《きも》ちを話《はな》したときに
あのね…

えー ホントに? そのくらい ガマンしないと…
うん…
さらに モヤッ
あれ? なんだか安心《あんしん》 できないな
って感《かん》じることも あると思《おも》う
そのときは その人《ひと》を 「安心《あんしん》できる大人《おとな》」 から外《はず》しても いいんだよ
あんしん
その「何《なに》かヘンだ」 という こころの感覚《かんかく》を 大切《たいせつ》にしてね
今《いま》はるが 安心《あんしん》できる あいてである ことが大切《たいせつ》
…
ん?
おじいちゃんに 話《はな》して よかった!!
えへへ
そうか
おじいちゃんも うれしい

ネットで
知《し》り合《あ》った大人《おとな》も、
安《あん》心《しん》できる？

「安《あん》心《しん》できる大人《おとな》」は、きみがどんなことを話《はな》しても、しんじて、安《あん》全《ぜん》をまもってくれる人《ひと》です。
いっぽう、ネットで知《し》り合《あ》って相《そう》談《だん》にのってくれるやさしい人《ひと》だと思《おも》っていたら、聞《き》いていた年《ねん》齢《れい》も性《せい》別《べつ》も実《じつ》はウソだったという場《ば》合《あい》もあります。
とくに名《な》前《まえ》・学《がっ》校《こう》名《めい》・習《なら》いごと・住《す》んでいる場《ば》所《しょ》・電《でん》話《わ》番《ばん》号《ごう》は教《おし》えないようにしましょう。

◎相《あい》手《て》が自《じ》分《ぶん》のじょうほうを教《おし》えてくれても
本《ほん》当《とう》かかくにんできるまではしんようしない

◎自《じ》分《ぶん》はよく知《し》っていても
自《じ》分《ぶん》の保《ほ》護《ご》者《しゃ》が知《し》らない人《ひと》・
保《ほ》護《ご》者《しゃ》にしょうかいできない
と思《おも》う人《ひと》はしんようしない

◎プライベートパーツを見《み》たがったり
さわりたがる人《ひと》は、すぐにブロック!
安《あん》心《しん》できる大人《おとな》にかならずつたえる

「安《あん》心《しん》できる大人《おとな》」に話《はな》すのは、〝つげぐち〟ではありません。
きみには、不《ふ》安《あん》やキケンをつたえる権《けん》利《り》があるのです。

安心《あんしん》できる大人《おとな》が見《み》つからなかったら？

そんなときのために、電話《でんわ》で相談《そうだん》する方法《ほうほう》があります。きみが言《い》いたくないことは言《い》わなくてもいいし、途中《とちゅう》で切《き》りたくなったら切《き》ってもいいのよ。きみの力《ちから》になりたいと思《おも》っている大人《おとな》は、たくさんいます。

かけるときのポイント

◎紹介《しょうかい》する番号《ばんごう》は、電話料金《でんわりょうきん》はかかりません。番号《ばんごう》のかけまちがいに注意《ちゅうい》しましょう。

◎公衆電話《こうしゅうでんわ》からかけるときは、10円玉《えんだま》か100円玉《えんだま》もしくはテレホンカードを入《い》れて、番号《ばんごう》をおします。通話《つうわ》が終《お》わると、お金《かね》・カードはもどってきます。

◎一部《いちぶ》のスマートフォンやキッズフォンは、つながらないことがあります。

◎ IP電話《でんわ》（インターネット回線《かいせん》の電話《でんわ》）からも、つながらないことがあります。

◎時間《じかん》によってはつながりにくいこともあります。そのときは、時間《じかん》をかえて電話《でんわ》をしてみましょう。

チャイルドライン®

0120-99-7777

毎日《まいにち》午後《ごご》4時《じ》〜午後《ごご》9時《じ》（12/29〜1/3はお休《やす》み）

18才以下《さいいか》の子《こ》どものための相談先《そうだんさき》。不安《ふあん》やなやみはもちろん、ちょっとしたことでもだいじょうぶ。ボランティアの大人《おとな》が、どんなことも聞《き》いていっしょに考《かんが》えてくれます。
インターネットサイトでは、チャット相談《そうだん》や、気持《きも》ちをつぶやくこともできます。
https://childline.or.jp

こどもの人権《じんけん》110番《ばん》

0120-007《ぜろぜろなな》-《の》110《ひゃくとうばん》

月《げつ》〜金曜日《きんようび》（祝日以外《しゅくじついがい》）午前《ごぜん》8時《じ》30分《ふん》〜午後《ごご》5時《じ》15分《ふん》

学校《がっこう》やおうちなどでイヤなことをされていたり、まわりにこまっている友達《ともだち》がいるときも相談《そうだん》できます。
インターネットサイトでは、メール・LINE・手紙《てがみ》での相談方法《そうだんほうほう》ものっています。
https://www.moj.go.jp/JINKEN/jinken112.html

24時間《じかん》子供《こども》SOSダイヤル

0120-0-78310《なやみ言おう》

24時間《じかん》365日《にち》

全国《ぜんこく》どこからでも、夜間《やかん》・休日《きゅうじつ》をふくめていつでも、なやみや助《たす》けてほしいことを相談《そうだん》することができます。
https://www.mext.go.jp/ijime/detail/dial.htm

児童相談所《じどうそうだんしょ》 相談専用《そうだんせんよう》ダイヤル

0120-189《いちはやく》-783《おなやみを》

原則《げんそく》24時間《じかん》365日《にち》

学校《がっこう》やおうちなどの大人《おとな》から暴力《ぼうりょく》・暴言《ぼうげん》などを受《う》けていたり、べつの子《こ》どもがされているのを見《み》たときも相談《そうだん》できます。
すぐに相談《そうだん》したいときは、番号《ばんごう》3ケタの緊急《きんきゅう》ダイヤルにかけましょう。
189《いちはやく》

7章《しょう》

〈5・6年《ねん》生《せい》〉

セクハラのはなし

1~4年《ねん》
ここからは高学年《こうがくねん》のお話《はなし》です
5.6年《ねん》
1~4年生《ねんせい》にとってはちょっとむずかしいことばもあると思《おも》うけれど
よかったら読《よ》んでみてね

あさひー
帰《かえ》ろーぜ
おう
なにアイス?
ソーダあじ♪
えっ
ダイチ君《くん》て
やめちゃったの?
そうなのよ
なんかね
「太《ふと》ったね」って
しつこく言《い》って
くる子《こ》がいて
イヤだったたん
だって
男《おとこ》の子《こ》なのに
そういうの
気《き》にするんだ
センサイ
だね〜
そんなことで
やめちゃうの
もったいないね
ダイチくん
およぐのすき
だったのに
…
「そんなこと」
なのかな…?
シャク…

ショリ ショリ
あのさ……
さっき聞《き》こえてきた話《はなし》さ
「そんなこと」ってまわりに決《き》められたらイヤだよな
おっ オレもそう おもった!!
それにさ
イヤがってるのに「太《ふと》った」って言《い》い続《つづ》けるのダメじゃん
ジョーダンのつもりかもしんないけど
だよなー
やめてって言《い》われたらすぐやめないと
もしかしてイヤっていいにくい相手《あいて》だったのかなー 年上《としうえ》とか
でもそもそもからだのこというのはいかんだろ
あと「男《おとこ》の子《こ》なのに気《き》にするんだ」もモヤモヤした～

大人《おとな》に言《い》われて モヤモヤしたことば、 ある？

これはじっさいに、子《こ》どもたちが教《おし》えてくれたことばです。**「どうしてモヤモヤしたのかな」**と考《かんが》えると、いろんなことがうかんできます。
話《はなし》をじゅうぶんに聞《き》いてくれていないのに、一方的《いっぽうてき》に決《き》めつけられたからかな？　事情《じじょう》をよく知《し》らないのに、「へんだよ」って言《い》われている気持《きも》ちになったからかな？　べつの大人《おとな》なら、わかってもらえるかもしれないな、とか。
もし次《つぎ》に同《おな》じようなことを言《い》われたら、「そうかなあ」とか「ちゃんと話《はなし》を聞《き》いてよ」とつたえてみようかな、とかね。
モヤモヤしたら、なかったことにしないで、大事《だいじ》にしてほしいなと思《おも》います。

【第《だい》23話《わ》】むむ！ これってセクハラ？

②
式《しき》の準備中《じゅんびちゅう》
男《おとこ》の子《こ》は会場《かいじょう》にイスを運《はこ》んで女《おんな》の子《こ》はかざりの花《はな》を作《つく》ってください
これは男子《だんし》が力《ちから》があるからってこと?
こういうのよくあるよね
あと女子《じょし》はこまかな作業《さぎょう》がうまそうだからじゃない?
③
体育《たいいく》の授業中《じゅぎょうちゅう》
あいっ
男子《だんし》だけど胸《むね》がゆれてる!!
事実《じじつ》だから…いいんじゃない?
えー
聞《き》くとなんかイヤな気分《きぶん》になる
じぶんがいわれてなくても

4
廊下《ろうか》のすみで…
ここで体操服《たいそうふく》に着《き》がえてください
えっ
他《ほか》の人《ひと》から見《み》える場所《ばしょ》で着《き》がえるの!?
でも男子《だんし》はよくあるよ
習《なら》いごととかで…
5
休《やす》み時間《じかん》にふざけて
カンチョー
うわっ
これはダメ
いじめだよ
プライベートパーツだもんね

6
忘《わす》れものした人《ひと》は～バツとして先生《せんせい》のチューです
ギャー
おもしろい先生《せんせい》なんじゃない？
でもキスはされたくないなあ…
7
習《なら》いごとのコーチが…
じ～～
ずっとわたしを見《み》てる
じっと見《み》られるのは怖《こわ》い!!
きもちわるい
イヤだけど
指導《しどう》に必要《ひつよう》なことなのかも…？
フォームをみてるとか

みんなの考《かんが》え
教《おし》えてくれて
ありがとう

実《じつ》はね
この7つは
「セクハラ」になりうる
ケースなんだよ
えっ
セクハラ？

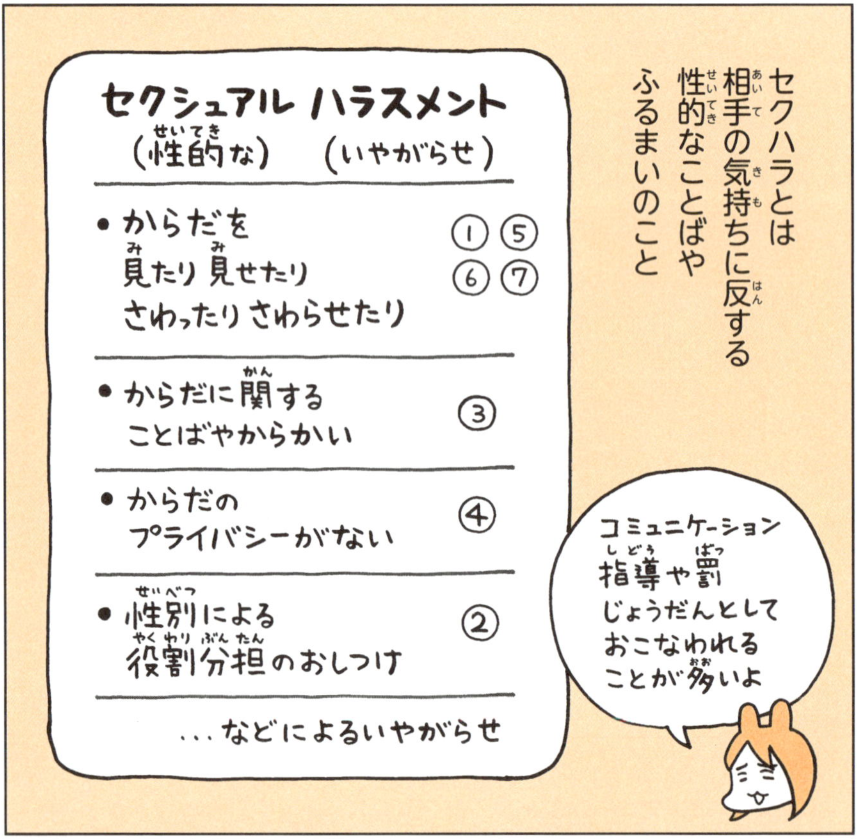
セクハラとは
相手《あいて》の気持《きも》ちに反《はん》する
性的《せいてき》なことばや
ふるまいのこと
セクシュアル ハラスメント
(性的《せいてき》な) (いやがらせ)
・からだを
見《み》たり 見《み》せたり
さわったり さわらせたり
①⑤⑥⑦
・からだに関《かん》する
ことばやからかい
③
・からだの
プライバシーがない
④
・性別《せいべつ》による
役割分担《やくわりぶんたん》のおしつけ
②
…などによるいやがらせ
コミュニケーション
指導《しどう》や罰《ばつ》
じょうだんとして
おこなわれる
ことが多《おお》いよ

でも「いやがらせをしよう」と思《おも》ってやってないこともあったよね
①②④⑥⑦とか？
ここで大切《たいせつ》なのは
いいところにきづいたね
やった人《ひと》に「悪気《わるぎ》があったか」ではなくて
これがたいせつ
イヤだなぁ…
やったひと
性的《せいてき》なことばふるまい
されたひと
された人《ひと》が「イヤだと思《おも》ったか」どうかなの
もしだれかに
それくらいのことで…
大《おお》げさだよ
って言《い》われたとしても
からだに関《かん》するイヤって気持《きも》ちは大切《たいせつ》にしてほしいの
じぶんはイヤだとおもった

なあ
あのスイミング教室《きょうしつ》やめた子《こ》も…イヤって気持《きも》ちを大切《たいせつ》にしたんだな
うん
もし「イヤだ」「やめろ」とつたえても
太《ふと》ったって言《い》われるのイヤなんだ
だからいわないで
相手《あいて》がやめなかったり
じょうだんなのにノリわる〜い
ジジツをいってるだけ
そもそも「イヤ」と言《い》いづらい相手《あいて》のときは…
さらにいじわるされそう
年上《としうえ》
なんかコワイ
大《たい》したことないなんて思《おも》わずに「安心《あんしん》できる大人《おとな》」に相談《そうだん》してね
スイミングスクールで太《ふと》ったねっていってくる子《こ》がいて…
安心《あんしん》できる大人《おとな》とは…
あなたの話《はなし》をウソとか大《おお》げさと言《い》わずに信《しん》じてくれる人《ひと》

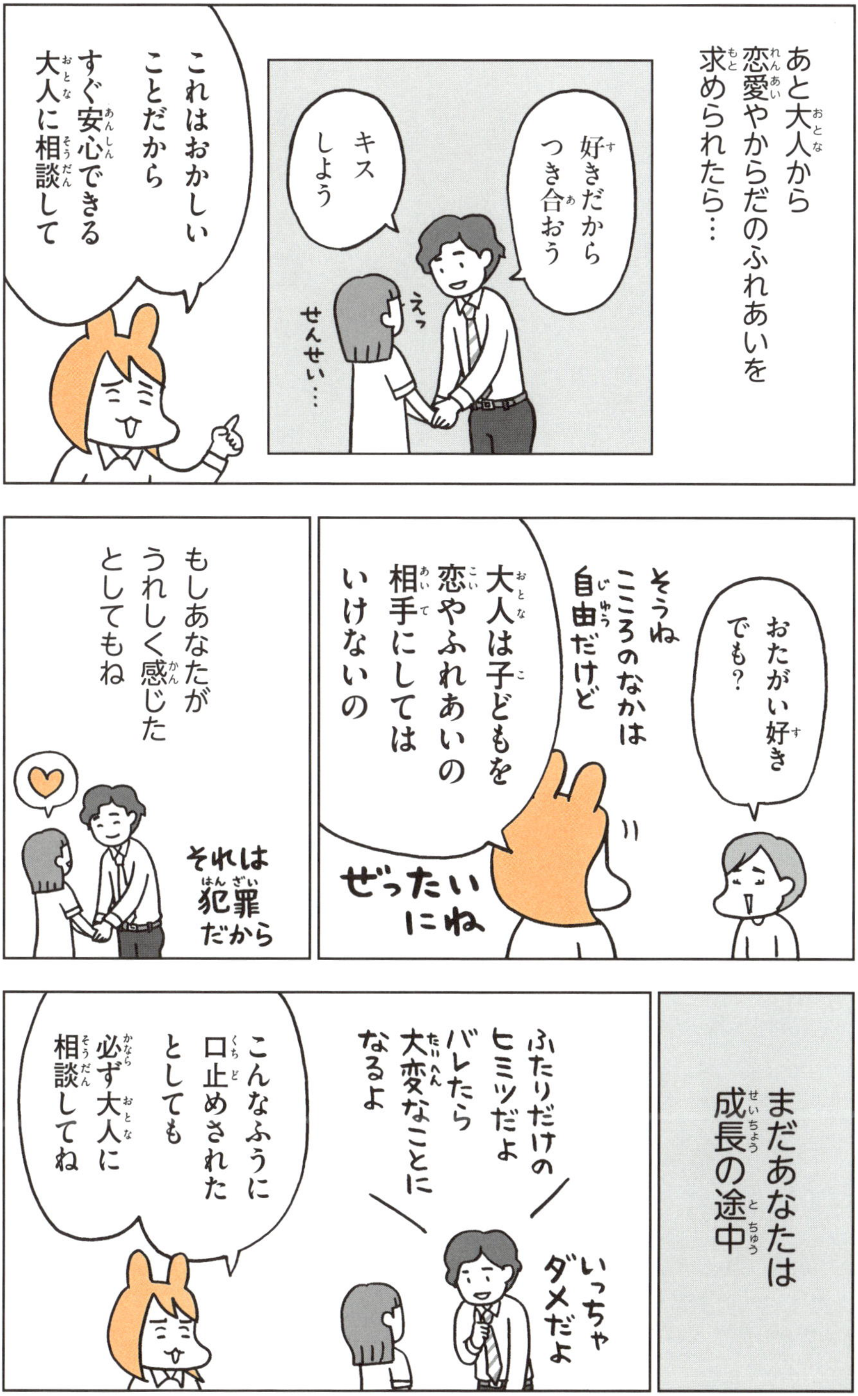
あと大人《おとな》から恋愛《れんあい》やからだのふれあいを求《もと》められたら…
好《す》きだからつき合《あ》おう
キスしよう
えっ
せんせい…
これはおかしいことだからすぐ安心《あんしん》できる大人《おとな》に相談《そうだん》して
おたがい好《す》きでも?
そうねこころのなかは自由《じゆう》だけど
大人《おとな》は子《こ》どもを恋《こい》やふれあいの相手《あいて》にしてはいけないの
ぜったいにね
もしあなたがうれしく感《かん》じたとしてもね
それは犯罪《はんざい》だから
まだあなたは成長《せいちょう》の途中《とちゅう》
ふたりだけのヒミツだよバレたら大変《たいへん》なことになるよ
いっちゃダメだよ
こんなふうに口止《くちど》めされたとしても必《かなら》ず大人《おとな》に相談《そうだん》してね

こんなとき 何《なん》てつたえる？

見本《みほん》を参考《さんこう》に、自分《じぶん》で言《い》えないときは
安心《あんしん》できる大人《おとな》につたえよう。

- ハグは苦手《にがて》です
- ハグされてイヤでした（ほかの大人《おとな》につたえる）

- やりたい人《ひと》でわかれるのはどうですか？
- ぼくは花《はな》をつくるほうをやりたいです

- からだのことを言《い》うのはやめようよ
- それはセクハラにあたるよ

- ほかの人《ひと》に見《み》られるかもしれないから不安《ふあん》です
- 安心《あんしん》できる場所《ばしょ》で着《き》がえたいです

- やめろ！ それはダメ！
- カンチョーされた（かならず大人《おとな》につたえる）

- やめろ！ それはダメ！
- チューされそうになった（かならず大人《おとな》につたえる）

- まわりの友達《ともだち》や大人《おとな》に相談《そうだん》して、自分以外《じぶんいがい》の人《ひと》にも「見《み》られている」ことをかくにんしてもらう

8章《しょう》

〈6年《ねん》生《せい》〉

いっしょに生《い》きていくはなし

【第《だい》24話《わ》】よし！お悩《なや》み相談《そうだん》にこたえよう

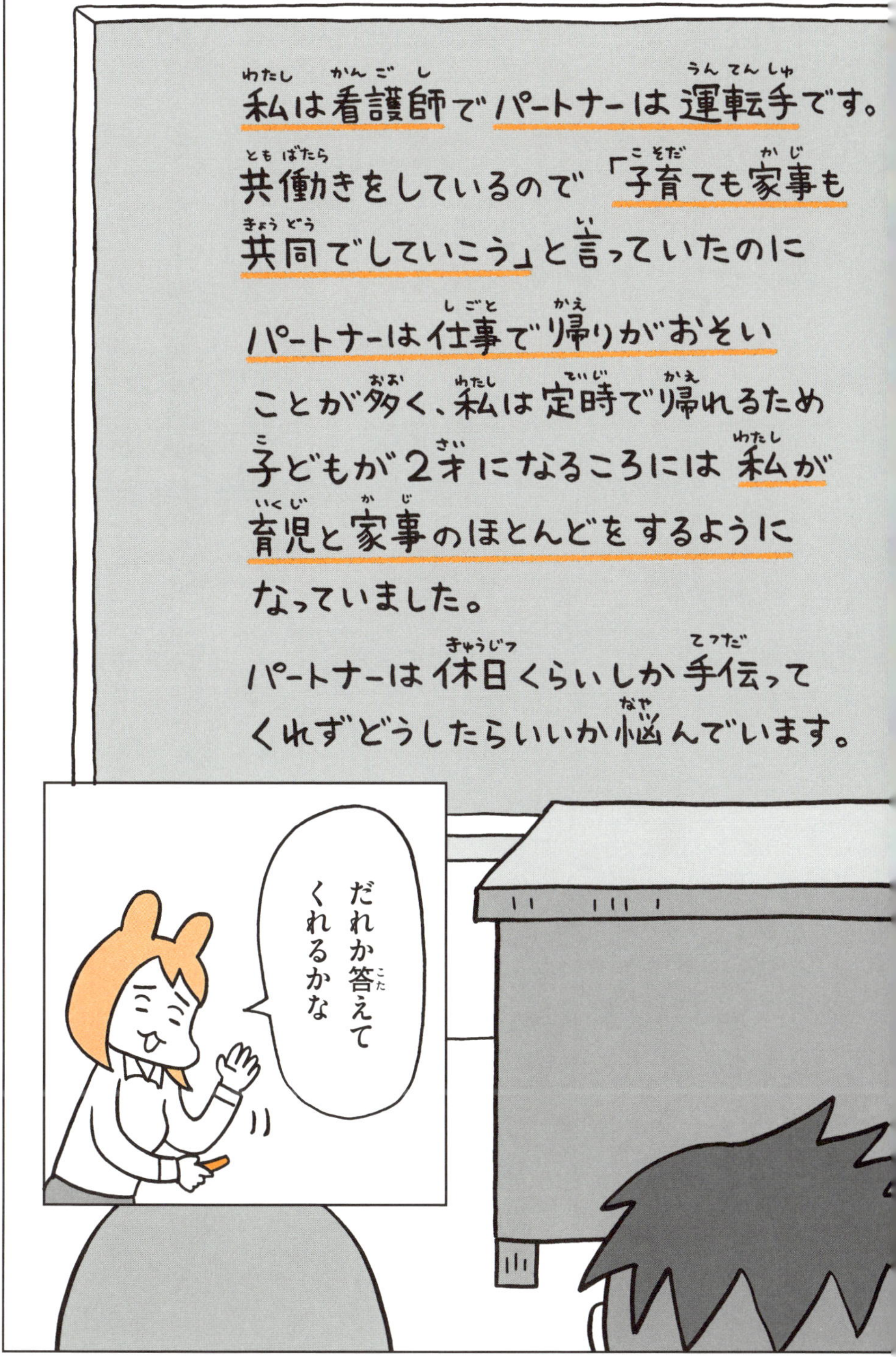
私《わたし》は看護師《かんごし》でパートナーは運転手《うんてんしゅ》です。
共働《ともばたら》きをしているので「子育《こそだ》ても家事《かじ》も
共同《きょうどう》でしていこう」と言《い》っていたのに
パートナーは仕事《しごと》で帰《かえ》りがおそい
ことが多《おお》く、私《わたし》は定時《ていじ》で帰《かえ》れるため
子《こ》どもが2才《さい》になるころには私《わたし》が
育児《いくじ》と家事《かじ》のほとんどをするように
なっていました。
パートナーは休日《きゅうじつ》くらいしか手伝《てつだ》って
くれずどうしたらいいか悩《なや》んでいます。
だれか答《こた》えてくれるかな

平日《へいじつ》も家事《かじ》を残《のこ》しておいて帰《かえ》ってきてからやってもらうとか
平日《へいじつ》は 5日《か》あるからたいへんだよ
まず話《はな》し合《あ》って家事《かじ》のふりわけをして…
それでもダメなら離婚《りこん》!!
日《ひ》によって役割《やくわり》を決《き》めるとか…
計画表《けいかくひょう》を書《か》く
パートナーの仕事《しごと》をもっと育児《いくじ》や家事《かじ》のできる仕事《しごと》に変《か》える
でもさ
それで収入《しゅうにゅう》が減《へ》るとしたらどうする？

シッターさんや家事代行《かじだいこう》をたのむ
夜遅《よるおそ》いなら朝《あさ》の子《こ》どもの世話《せわ》を担当《たんとう》してもらうとか
帰《かえ》りは遅《おそ》くてもできる家事《かじ》はあると思《おも》うな
ごはんの作《つく》りおきとか？
パートナーに何日《なんにち》か全部《ぜんぶ》やってもらうのはどう？苦《くる》しさや大変《たいへん》さを体験《たいけん》したら気持《きも》ちが変《か》わるかも
これを読《よ》んでるあなたならなんて答《こた》える？

この相談《そうだん》を読《よ》んだとき相談《そうだん》してる人《ひと》はどの性別《せいべつ》ってイメージした？
んー
「わたし」って書《か》いてたから女性《じょせい》かなって思《おも》った
わたし ぼく オレ
女《おんな》の人《ひと》かな 看護師《かんごし》は女《おんな》の人《ひと》が多《おお》くて運転手《うんてんしゅ》は男《おとこ》の人《ひと》が多《おお》いから
うん
看護師《かんごし》
運転手《うんてんしゅ》
おなじく
みんながそうじゃないけど… 女《おんな》の人《ひと》のほうが育児《いくじ》や家事《かじ》をたくさんしてることが多《おお》いしね
でもこの相談《そうだん》性別《せいべつ》は書《か》いてないから本当《ほんとう》はどっちかわからないよね
おんな
おとこ
？
おっ
よくそこに気《き》づいたね

あとさ もしかしたら このふたり 女《おんな》の人同士《ひとどうし》 男《おとこ》の人同士《ひとどうし》かも しれないよ？
あーー
その 可能性《かのうせい》も あるよね
そうだね さらに言《い》うと このふたりは 結婚《けっこん》してるかも しれないし
わかっていること
看護師《かんごし》
運転手《うんてんしゅ》
男《おとこ》？
女《おんな》？
結婚《けっこん》してる？
書《か》かれていないこと
結婚《けっこん》して ないかも しれないね
子《こ》どもも いるのに？
うん 「事実婚《じじつこん》」と いってね 婚姻届《こんいんとどけ》を出《だ》さないで 夫婦《ふうふ》として 共同生活《きょうどうせいかつ》を 送《おく》る人《ひと》もいるから
私《わたし》のともだち にもいるよ
うちのオヤも そうだよ
そうなんだ!!

わい　わい　わい
なんで事実婚《じじつこん》にしたのかな
ママもパパも名字《みょうじ》をかえたくなかったんだって
そうなんだ
うちはママがパパとリコンしたとき名字《みょうじ》かわったよね
うん
うちの父《とう》さんとカナさんこないだ結婚《けっこん》したよ
おーー

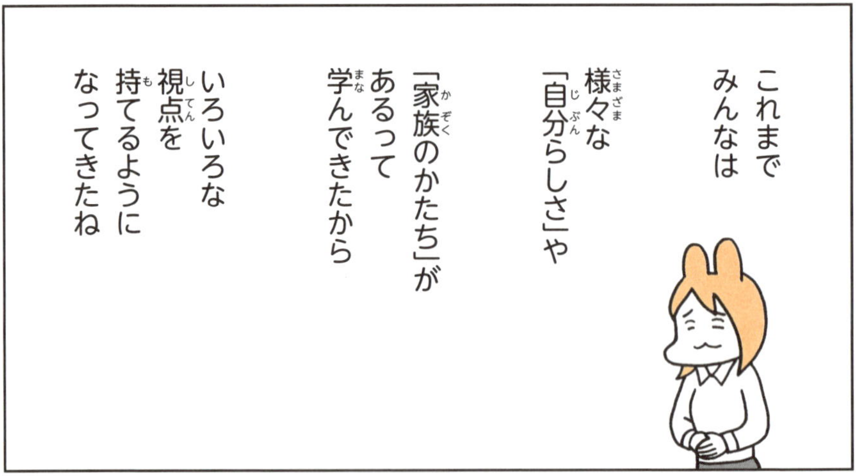
これまでみんなは
様々《さまざま》な「自分《じぶん》らしさ」や
「家族《かぞく》のかたち」があるって学《まな》んできたから
いろいろな視点《してん》を持《も》てるようになってきたね

これからもその視点《してん》を
大切《たいせつ》にはぐくんでいってね

この本を手にとってくださった大人のかたへ

こんなとき、どんな声をかけたらいい？

～子どもと話すヒント集～

性のことは、あらたまって伝えるよりも、
生活の中でのちょっとしたきっかけや、
子どもが興味を示したときに伝えたいもの。
でも実際、どう伝えたらいいのか、
何と答えたらいいのか、
とっさにわからずにごまかしてしまった経験のある大人も
多いかもしれません。
性教育は、からだのしくみについて学ぶだけではなく、
ひとりひとりを大切にするための学びでもあります。
ここでは章ごとにふり返りながら、
子どもへの声かけについてお話していきます。

ふれる前に 声をかける習慣を

今までお尻をさわっていたあさひ&こはるママは、今後どうすればよいでしょう？

▲ P16

「今までお尻をポンッてさわってたの、ごめんね。よくなかったね」

と謝って、今日からあらためれば大丈夫です。

からだはすべてプライベートなものです。大人が意識して、他者とふれ合うときの適切な感覚を育てていきましょう。日常的にさわったり見たりすることが「好き」の表現だと子どもがとらえてしまうと、例えば学校でスカートめくりやカンチョーをされたとき、からだをさわられたり見せるように要求されたときに、どう感じるでしょうか。「自分のことが好きだから？」と、断れずに被害が続いてしまうこともあるかもしれません。反対に、傷つける側になってしまう可能性も考えられます。

今から大人ができることは、お世話で必要な場合でも、親子であっても、プライベートパーツにふれたり見たりする可能性があるときは、事前にひと声かけることです。

◎お風呂で**「ここは自分でやさしく洗おうね」**

◎下着を脱がせる・はかせるときに**「手伝ってもいい？」**

◎お風呂やトイレに入っていたら**「開けてもいい？」**

日常の中で同意をとることで、子どもに「からだにふれられる・見られる前は、声をかけてくれるのが当たり前」という感覚が育ちます。最近は医療機関でも「ちょっとお腹をさわりますね」とひと声かけてくださることが増えましたよね。大人にもプライベートパーツがありますから、ママの胸にさわりたがる子にも

「おっぱいはプライベートパーツだから、勝手にさわられたらママはイヤだよ」

と伝えていけるといいですね。

子どもの「知りたい」を受け止めて

▲ P64

▲ P65

受精のしくみや性交のことを子どもに伝えるのは、ハードルが高いと感じるかたも多いでしょう。それは、これまで大人も性の正しい知識を得る機会が少なかったからかもしれません。今の子どもたちでも、その機会を平等に与えられていないのが現状です。インターネットや友人・交際相手から得る情報は、本当のことも、そうでないこともあって、それを判断する力は子どもたちにはまだ備わっていません。本書をきっかけに、本当のことを、正しい言葉で、知って欲しいなと思います。

こはるちゃんが「本当のことがわかってうれしかった」と言うように、子どもたちにとって正しい知識を得ることはうれしいこと、自分を知ることにつながります。それは子どもたちの権利でもあります。もし子どもから性についての話をされたときは、おじいちゃんのようにまず

「大事なことだね」

と受け止めてあげてください。マンガでは、さらにママが「ごめん、ウソをついて」と素直に謝っていますね。この姿勢はとても大切。その後で子どもの様子を見て、

「外ではそういう話はしないのがマナーよ」

と声をかけるのもいいですね。

この本の小学校では、遠足で動物園に行き、動物の交尾を実際に見て学びますが

「人間の場合はプライベートなことだから、
誰にでも話すことではないのよ」

と伝えています。子どもに「プライベートって何?」と聞かれたら「自分（たち）だけのこと、他の人に言わなくてもいいこと」だと教えてあげてくださいね。

いろいろな形を受け入れる「オウム返し」

2024年、経団連や国連が選択的夫婦別姓の導入を政府に求めました。今後ますます「家族ってなんだろう?」の問いは増えていくでしょう。まずは私たち大人が「家族にはいろいろなかたちがある」ことを受け入れていきたいですね。大人の日常のふとした発言やふるまいから、子どもは多くを感じ取り、学んでいきます。

▲ P74

例えば、子どもから「○○ちゃんのお家ね、××なんだって」と話を聞くことがあるでしょう。その××が、自分の常識や価値観からは離れている内容だったとしても

NG 「ええっ!?」（大きく驚く）

NG 「それは変だね」（ジャッジする）

それよりもまず、

「そうなんだね」「○○ちゃんのお家は××なんだね」

と受け入れてみましょう。〝オウム返し〟というコミュニケーションスキルです。
子どもが「○○ちゃんのお家、変だよね」と言っても「あなたは変だと思うんだね」。
子どもが「変だと思わない?」と聞いたら、淡々と「私は、ちょっと驚いた」と事実を伝え「でも○○ちゃん家では××なんだね」と、〝いろいろなかたちがある〟ことを受け入れる姿勢で話します。
特に家庭のこと、家族構成や環境は、自分のことだけれど、自分で決められないことです。生まれ持った外見や性質もそうですね。髪や肌の色・質感、背が高い・低い、手足が長い・細い、声が高い・低いなど。本人が決められないことに関して、心で感じるのは自由ですが、口に出すのはマナー違反です。それがたとえ、ほめるつもりの言葉だったとしてもです。

家庭内で〝らしさ〟を演じていませんか?

P80-81で挙げられたこの「男らしさ・女らしさ」は、子どもたち自身が提出した回答でした。このような、文化や社会によってつくられた性別「男のイメージ・女のイメージ」を「Gender(ジェンダー)」といいます。生物学的なからだの性別「男・女」=「Sex(セックス)」とは区別されています。
そのイメージによって、私たちは乳幼児期から小さな〝らしさ〟を求められてきました。着て欲しい服、遊んで欲しいおもちゃ、使って欲しい言葉。求めているのは、誰でしょう。それは、身近な大人たちの「男・女らしくあるべき」という意識です。

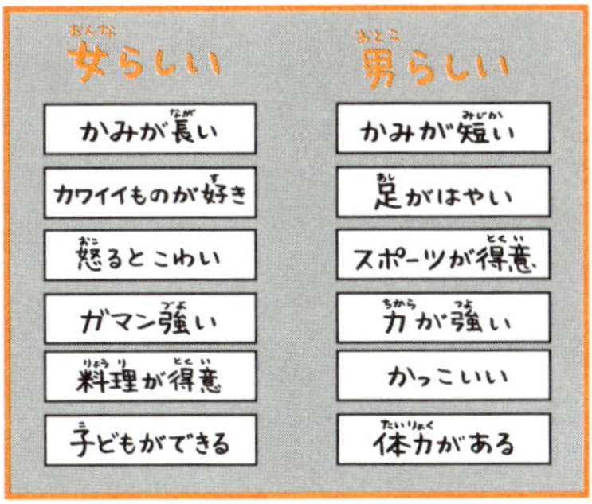

▲ P80-81

低学年のころから性別を意識するようになると、男子同士・女子同士で集まるようになります。やがて男女が性的に親密になる時期を迎えると、「男・女らしくあるべき」という思い込みが徐々に強まり、〝らしく〟あろうと演じたり、相手に〝らしく〟あって欲しいと思うようになっていきます。それが今の私たち大人、だとしたら…
「決断をする人」「リードする人」「力仕事の人」「お金を稼ぐ人」
「世話をする人」「相手を立てる人」「言いたいことを我慢する人」「PTAに出席する人」
誰かがやらなければいけないことばかりの家庭の中で、もし、性別によって役割を方向づけられているとしたら、それは苦しいことでもあります。
今、私たち大人が演じている「男らしさ・女らしさ」も、いつでも誰にでも当てはまるものではありません。「(男・女なら)(夫・妻なら)普通でしょ」や〝暗黙の了解〟から一歩踏み出して、**大人同士が言葉で伝えあうことから始めましょう。**

「洗いものまで手が回らない!　あなたはできる?」
「できるよ」「一緒にやろう」「自分もできないから、どうするか考えよう」

身近な大人たちが「らしくあるべき」から解放されていくことで、子どもと一緒に「自分らしさ」を見つけていけるでしょう。

相談しやすい環境はつくれます

▲ P97

思春期以降、性に関することを子どもに伝えるときは、同性の大人からが基本です。一方で、教室で男女が一緒にお互いのからだについて学んだように、家庭でもナイショ話にするのではなく、男女ともに話し合いながら学んでいけるといいですね。

それにはまず大人が、自分のからだのことを、自分の言葉で、家族に話してみましょう。そして相手の体調についても、自然のこととして淡々と対応します。例えば、生理痛が重いときに家族に相談する女性と、代わりに家事を引き受ける男性。体調が良くないのになかなか弱音を吐けない男性と、「なにかあったら話してね」と声をかける女性。日ごろからからだのことを肯定的に話し、聞いている大人の姿を見ていると、子どもは

「この人たちは、からだやこころを大切にしているから大丈夫」

という安心感が生まれて、性やからだについて大人に相談しやすい環境になります。

子どもが初めての月経（生理）・精通を迎えたときも、乳歯が生え変わったときと同じように成長をよろこびながら、自然のこととして対応しましょう。

「あ、そうだったの」「それは月経（生理）・精通がきたんだね」

と事実を受け入れて

「もし下着に経血・精液がついたら、軽く洗ってから洗濯機に入れてね」

と対処法を教えます。近隣の婦人科・泌尿器科の情報を一緒に調べてもいいですね。

NG 「おめでとう」「すばらしいことなのよ」「汚れた（下着・シーツ）」

といった価値観にもとづく言葉や

NG 「もうオトナね」

といった、からかい（と受け取られる可能性のある）の言葉には注意しましょう。

性やからだはプライバシーです。子どものからだの変化を家族に共有するときは、まず本人の同意を取ることが不可欠です。

「イヤ」を言う練習は生活の中で

▲P138

「イヤ」は〝これ、なんだかオカシイ！〟と感じている証です。自分の「イヤ」な気持ちを伝え、相手の「イヤ」な気持ちを受け入れる経験を繰り返すことで、自分も相手も尊重できるようになっていきます。
「イヤ」を言う練習は、生活の中でできます。ポイントは、〝自分がイヤと言うと不利益なことが起こる〟という感覚を子どもに与えないこと。

NG 「………」（不機嫌になる）

NG 「それなら●●を取り上げるよ！」（脅す）

子どもの「イヤ」は大人にとって都合の悪いことが多いものです。それでも「イヤ」と言う練習をするために、大人はすべての「イヤ」を一度受け取ってみましょう。

「そっかぁ」「イヤなんだね」

受け取るのは、子どもの〝イヤと感じた気持ち〟だけでOK。特に交通ルールなどの安全面・歯みがきなどの健康面・学校や家庭生活のルールを軽んじるような「イヤ」に対しては、まず「イヤ」の気持ちを受け取ったうえで

「でも、私は××だと思う」

と伝えます。「でも、あなたは××するべきだ」と相手を主語にするのではなく、〝私〟を主語にして伝える〝アイ（I）メッセージ〟にするのがポイントです。
一方、大人たちも子育てをする中で、子どもが求めることを「大人だからイヤと言ってはいけない」と思って、必要以上に我慢していることもあるかもしれませんね。
特に侮辱された、傷つけられたと感じる言動に対しては

「それは、私を傷つける言葉だよ」
「私をイヤな気持ちにすることよ」

と、自分の「イヤ」を伝えてください。それが子どもにとって、相手の「イヤ」を受け入れる練習にもなります。

7章 （5・6年生） セクハラ のはなし

「相手がイヤだと感じたか」が最優先

▲ P167

7章からは高学年向けの内容に入ります。子どもの成長に合わせて読んでみてください。
この章ではセクシュアルハラスメントについて学びました。刑法違反行為はもちろんのこと、ここで挙げたような身近な言葉やふるまいも該当することがあります。「ハラスメント」とは「嫌がらせ」という意味。つまり、〝相手の同意を得ていない〟〝相手がイヤだと感じた〟か、という視点が大切です。セクハラが学校などで起こった場合は、子どもが安心して学べる環境をうばいます。
マンガでは、スイミングスクールをやめてしまったダイチくんの話が出てきました。あなたがダイチくんの保護者だったとしたら、どんな対応を考えるでしょうか。
もし子どもから「イヤなことがあった」と相談されたときは、まず話を最後まで聞きます。それから

「よく話してくれたね」

と伝えましょう。事実確認よりもまず、子どもが感じている「イヤ」を最優先にします。
その後で、事実を整理しながら子どもがどうしたいのかを探ります。子どもの同意が取れたら、メモを取ってもいいですね。後々、そのメモが大切な記録となることもあります。

NG 「そんなの、気にしない！」

NG 「よくあることだよ」

など、なぐさめようとして、つい言ってしまいがちな声かけや

NG 「ちゃんとイヤって言った？」

NG 「なんでそんなことをしたの？」

といった、相談した子どもの責任を問うような声かけには注意しましょう。
話してくれた子どもの様子はどうでしょうか。共感してもらえればいいのか、相手に謝って欲しいのか、もう二度と行きたくないのか。しばらく休む、辞める、スクールや外部の窓口に相談するなど、いろいろな選択肢があることを伝えながら、子ども自身が納得できる方法を一緒に考えます。

①同意を得ずに からだに触れている。

スポーツ指導、なぐさめる、登校時のあいさつなどに行なわれやすいです。

②男女の役割分担意識に根ざしている。

「女のくせに手先が不器用」「男のくせに力がない」といった発言もそうです。これはジェンダー・ハラスメントにもなります。

③相手のからだを 性的にからかっている。

外見について評価しているうえに、聞いた人も不快になる発言です。

④集団教育の中で プライバシーを保護しない。

更衣室を設けない、身体計測や内科健診時の配慮がない、なども当てはまります。

P170〜の7つのケース

ここが考え方のポイントです

⑤プライベートパーツに 触れている。

ズボン下ろし、スカートめくりなども該当します。これは「性的いじめ」と言われる行為です。

⑥性的な罰を 与えている。

キスのほか、服を脱がせるなどの強要も当てはまります。

⑦からだを 鑑賞している。

見られている人が「イヤだ」「怖い」と感じたら、ハラスメントに当たります。

 ※参考文献：『知っていますか?スクール・セクシュアル・ハラスメント一問一答』（亀井明子 編著／解放出版社）

8章 （6年生） いっしょに生《い》きていく はなし

あなたも「多様」の中にいます

▲ P184

8章は、みんなに相談というかたちをとりながら「多様性」について考える授業でした。みなさんは、どう感じたでしょうか。

性の多様性について最近は、「LGBTQ＋」という言葉も一般的になってきました。ただ、これは〝性的少数者〟を指す言葉です。セクシュアリティ（性のあり方）はすべての人がもつもの。多数派が少数派を理解することが「多様性」ではありません。**多数派と少数派、あらゆる人を含む状態が「多様」で、自分もその「多様」の中にいる、という感覚が必要**になってきています。それを示す「SOGIE《ソジー》(Sexual Orientation & Gender Identity & Expression)」＝「性的指向と性自認・性表現」という言葉にも注目してみてくださいね。

そのうえで、子どものセクシュアリティ（性のあり方）についても考えてみましょう。

時々、保護者から「子どもが自分の性別に違和感を持っているかも?」という相談を受けることがあります。「生まれた時にわり当てられた性別（戸籍の性別）」と「自分はこれだと確信している性別（性自認）」が一致しない人のことを「トランスジェンダー」といいますが、その時々で揺れ動くこともあります。どちらかに決まっている人、決めなくてもいいと思う人、揺れ動いている人、揺れ動きながらゆっくり決まっていく人もいます。

もし子どもの性のあり方が揺れ動いていると気づいても、本人から話があるまでは、

「何か困っていることはない?」

と子どもが抱いている違和感に寄り添いながら、見守っていきましょう。

子どもから話があったときは、最後まで聞きます。今後どうしたいのか、子ども本人が納得できる方向性を一緒に考えます。学校に相談したことで、教員やクラスメイトと良い関係を築けたというケースもあります。気持ちを整理してくれるカウンセリング、最新の情報を得られる当事者の会など、選択肢があることを伝えられるといいですね。

大人も、さまざまな不安と戦うでしょう。それでも子どもが、その子らしく安心して生きていけるように、伝えてあげてください。

「いつでもあなたの味方だよ」

メッセージ　～子ども・大人　ともに学ぶ時代～

お母さん、お父さん、保護者の方々、みなさんは子どもの頃、性についてどんなことを学んできましたか？　女子であれば月経（生理）のこと、赤ちゃんが生まれる話、生理用品の説明とか使い方などではなかったですか？　その時、男子は学びの場にいなかったのでは？

私たちはこの本を小学校で教えている性教育の内容をよりわかりやすく、少し詳しく学べるように作りました。その目的の一つはひとりひとりかけがえのないものとして、からだや性の事実にしっかりと向き合ってほしい。もう一つは性の問題は人間関係のあり方と深くかかわるので、子どもの頃から「同意・不同意」という考え方、「自分とひとの境界」（バウンダリー）の意識化、さらに「セクハラ」に関することも高学年ではとりあげました。これらはいわば「性と人権」につながる課題です。

残念なことにこれまで私たち大人は「性」についてこのような観点からほとんど学んでこなかったのではないでしょうか。そのために子どもの変化や言動にどう対応してよいか、自信が持てない状態がひろがってきているように思われます。そして私たち大人自身も、時代の大きな変化のもとでどう生きていくのか性のあり方も含めて不安と戸惑いの中にあるのではないでしょうか。この意味で性について子どもと大人がともに学ぶ時代を迎えていると思われるのです。

村瀬幸浩

子どもたちは自分のからだがどのように成長していくのか、楽しみでもあり不安でもあります。また、幼児期には自分はどこからどのようにして生まれてきたんだろう、赤ちゃんのもとはどうなっているんだろう、と疑問を持ち始めます。これは自分自身の存在そのものに対する問いでもあります。自分の存在について、この先の成長について子どもが〝知りたい〟ことに正しく答えていくことはおとなの務めであり、子どもは答えてくれたおとなに信頼を寄せるはずです。このような日々の関係性の積み重ねが、この先を安心して生きていくことにつながっていくのだろうと思っています。

十分に性教育を受けてこなかった私たちは、「性教育」ということばについ身構えてしまいがちですが、私たちの学校でテーマとしている「からだ・こころ・いのちの学習」はからだの知識、生殖の仕組み、人とどういう関係を作っていくかというような、子どもたちが成長する過程で〝知りたい〟と思うことに答えていく学習です。この本にはフクチマミさん、因田亜希子さんはじめ編集に係わってくださったみなさまのお力で、小学生の〝知りたい〟ことの答えが詰まっています。どうぞ親子で楽しく学んでください。

北山ひと美

おわりに

読《よ》んでくれてありがとうございます。
どうでしたか？「性教育《せいきょういく》っておもしろいな」って、
ちょっとでも思《おも》ってもらえたら嬉《うれ》しいです。
私《わたし》が性教育《せいきょういく》に出《で》合《あ》ったのは大人《おとな》になってから。
「これは子《こ》どもの頃《ころ》に知《し》りたかったなぁ」と強《つよ》く思《おも》ったので、
性教育《せいきょういく》を学《まな》べるマンガを描《か》きました。
つるかめ小学校《しょうがっこう》にはモデルになった学校《がっこう》があって、
そこで性教育《せいきょういく》の授業《じゅぎょう》を考《かんが》えた先生《せんせい》が、北山《きたやま》ひと美《み》さんです。
この本《ほん》では校長先生《こうちょうせんせい》として登場《とうじょう》していました。
私《わたし》に性教育《せいきょういく》を教《おし》えてくれた先生《せんせい》は、村瀬幸浩《むらせゆきひろ》さん。
この本《ほん》のカバーのどこかにうさぎの像《ぞう》がありませんか？
つるかめ小学校《しょうがっこう》の校訓《こうくん》
「ひとりひとりが大切《たいせつ》　ひとりひとりが生《い》き生《い》き」を
考《かんが》えてくれたのも村瀬《むらせ》さんです。北山《きたやま》さんも村瀬《むらせ》さんも、
一緒《いっしょ》にお話《はな》しするとふわふわ温《あたた》かい気持《きも》ちになるので、
うさぎの姿《すがた》にしちゃいました。この本《ほん》を読《よ》んだあなたは、
きっと読《よ》む前《まえ》より自分《じぶん》のことも、周《まわ》りの人《ひと》も、大切《たいせつ》にできるように
なっているはずです。それは人《ひと》としての「つよさ」でも
あるんじゃないかと、私《わたし》は思《おも》います。私《わたし》たち大人《おとな》の中《なか》には、
性教育《せいきょういく》をよく知《し》らない、じゅうぶんに教《おし》えてもらってない人《ひと》が
いっぱいいます。だから間違《まちが》ってしまうこともあるんですが、
そんな時《とき》はあなたたちが、大人《おとな》に「それはね」って
教《おし》えてあげてほしいと思《おも》います。
じつは性教育《せいきょういく》ってまだまだたくさんのテーマがあるんです。
よければこれからも学《まな》んでいってくださいね。

フクチマミ

【制作協力】

今作の制作にあたり、私立和光鶴川小学校（町田）と私立和光小学校（世田谷）に取材協力いただきました。上記の小学校では、それぞれ 2007年、2017年から独自の性教育カリキュラム「からだ・こころ・いのちの学習」を実践しています。この本はその授業をもとに制作しました。登場人物はフィクションですが、その言葉や気持ちは、実際の子どもたちの声や体験を反映しています。

【参考文献】

◎『あっ！そうなんだ！性と生：幼児・小学生そしておとなへ』（2014年）
浅井春夫、安達倭雅子、北山ひと美、中野久恵、星野恵（エイデル研究所）

◎『からだのきもち　境界・同意・尊重ってなに?』（2022年）
作：ジェイニーン・サンダース　絵：サラ・ジェニングス　訳：上田勢子（子どもの未来社）

◎『知っていますか？スクール・セクシュアル・ハラスメント一問一答』（2004年）
亀井明子、内田由理子、柳本祐加子（解放出版社）

◎『生理用品の社会史』（2019年）田中ひかる（KADOKAWA）

◎『12歳までに知っておきたい　女の子の心と体ノート』（2018年）保健師めぐみ=監修（ナツメ社）

◎『ヒューマン・セクソロジー改訂新版　生きていること、生きていくこと、もっと深く考えたい』（2020年）
村瀬幸浩　狛潤一　佐藤明子　水野哲夫（子どもの未来社）

◎『国際セクシュアリティ教育ガイダンス【改訂版】　科学的根拠に基づいたアプローチ』（2020年）
編集：ユネスコ　訳：浅井春夫、艮香織、田代美江子、福田和子、渡辺大輔（明石書店）

【STAFF】

ブックデザイン ◎ 坂野 弘美

DTP ◎ 木蔭屋　小川卓也

彩色アシスタント ◎ あゆお

ページ監修 ◎ 柴田綾子（マンガ 1章 2章 5章、コラム P29～75、95～121）

コラム執筆 ◎ 瀬戸珠恵

校正 ◎ 調　文明

営業 ◎ 大木絢加、後藤歩里

編集長 ◎ 山﨑 旬

編集担当 ◎ 因田亜希子

Special Thanks ◎ あこ、こうたろう

※掲載している情報は 2025年2月現在の情報です。

こども
せいきょういく
はじめます

おうち性《せい》教《きょう》育《いく》はじめますシリーズ

2025年3月5日　初版発行

【著　者】
フクチマミ　村《むら》瀬《せ》幸《ゆき》浩《ひろ》　北《きた》山《やま》ひと美《み》

【発行者】
山下 直久

【発　行】
株式会社KADOKAWA
〒102-8177　東京都千代田区富士見2-13-3
電話 0570-002-301（ナビダイヤル）

【印刷所】
TOPPANクロレ株式会社

●お問い合わせ
https://www.kadokawa.co.jp/（「お問い合わせ」へお進みください）
※内容によっては、お答えできない場合があります。
※サポートは日本国内のみとさせていただきます。
※Japanese text only

定価はカバーに表示してあります。

ISBN 978-4-04-684121-6　C0077